EL SUPERDIRECTOR DE CINE CIENTÍFICO

Desconcertantes actividades para alterar la realidad y hacer ver lo que no es

Jim Wiese

Ilustraciones: Ed Shems

LIMUSA · WILEY

Wiese, Jim
   El superdirector de cine científico : Desconcertantes actividades
para alterar la realidad y hacer ver lo que no es = Movie science : 40
mind-expanding, reality-bending, starstruck activities for kids / Jim
Wiese. -- México : Limusa Wiley, 2010
132 p.: il.; 24 x 19 cm. -- (Biblioteca científica)
ISBN: 978-968-18-6474-3
Rústica

**1.Cinematografía - Literatura juvenil 2. Cinematografía - Efectos
especiales 3. Proyectos científicos 4. Experimentos**
I.Ed Shems, il. II. García Arroyo,María Teresa, tr.

Dewey: 778.'53 | 22 / W6511c   LC: TR851

TRADUCCIÓN AUTORIZADA DE LA EDICIÓN EN INGLÉS,
PUBLICADA POR JOHN WILEY & SONS, LTD., CON EL TÍTULO:
MOVIE SCIENCE: 40 MIND-EXPANDING, REALITY-BENDING,
STARSTRUCK ACTIVITIES FOR KIDS.
© JOHN WILEY & SONS.
NUEVA YORK, CHICHESTER, BRISBANE, SINGAPORE, AND
TORONTO.NINGUNA PARTE DE ESTE LIBRO PODRÁ SER
REPRODUCIDA DE NINGUNA FORMA SIN LA AUTORIZACIÓN POR
ESCRITO DE JOHN WILEY & SONS, INC.

© EDITORIAL LIMUSA, S.A. AND JOHN WILEY & SONS, (HK) LTD.

DISEÑO DE LA PORTADA: JOSÉ ALMAGUER.
ILUSTRACIONES DE LA PORTADA: © RALPH BUTLER.

COLABORADORA EN LA TRADUCCIÓN:
MARÍA TERESA GARCÍA ARROYO
SOCIÓLOGA. UNIVERSIDAD NACIONAL AUTÓNOMA DE MÉXICO.

LA PRESENTACIÓN Y DISPOSICIÓN EN CONJUNTO DE

EL SUPERDIRECTOR DE CINE CIENTÍFICO

DERECHOS RESERVADOS:

© 2010, EDITORIAL LIMUSA, S.A. DE C.V.
   GRUPO NORIEGA EDITORES
   BALDERAS 95, MÉXICO, D.F.
   C.P. 06040
   ☎ 5130 0700
   🖷 5512 2903
   limusa@noriega.com.mx
   www.noriega.com.mx

   CANIEM NÚM. 121

   HECHO EN MÉXICO
   ISBN: 978-968-18-6474-3
   5.1

Para Elizabeth y Matthew

y para todos los que comparten

mi gusto por el cine y la televisión

CONTENIDO

¿Sucedió realmente?   Efectos especiales   59

Auxiliares de la cámara   Luz y color   85

Ciencia cinematográfica y ciencia ficción
¡Es más real de lo que te imaginas   103

Glosario   125

Índice   129

Acerca de las unidades de medida usadas en este libro

- Como podrás ver, en los experimentos se emplean el Sistema Internacional (sistema métrico) y el sistema inglés, pero es importante hacer notar que las medidas intercambiables que se dan son aproximadas, no los equivalentes exactos.

- Por ejemplo, cuando se pide un litro, éste se puede sustituir por un cuarto de galón, ya que la diferencia es muy pequeña y en nada afectará el resultado.

- Para evitar confusiones, a continuación tienes unas tablas con los equivalentes exactos y con las aproximaciones más frecuentes

Sistema inglés	Sistema internacional (métrico decimal)	Aproximaciones más frecuentes
Medidas de volumen (líquidos)		
1 galón	= 3.785 litros	4 litros
1 cuarto de galón (E.U.)	= 0.946 litros	1 litro
1 pinta (E.U.)	= 473 mililitros	1/2 litro
1 taza (8 onzas)	= 250 mililitros	1/4 de litro
1 onza líquida (E.U.)	= 29.5 mililitros	30 mililitros
1 cucharada	= 15 mililitros	
1 cucharadita	= 5 mililitros	
Unidades de masa (peso)		
1 libra (E.U.)	= 453.5 gramos	1/2 kilogramo
1 onza (E.U.)	= 28 gramos	30 gramos
Unidades de longitud (distancia)		
1/8 de pulgada	= 3.1 milímetros	3 mm
1/4 de pulgada	= 6.3 milímetros	5 mm

1/2 pulgada	= 12.7 milímetros	12.5 mm
3/4 de pulgada	= 19.3 milímetros	20 mm
1 pulgada	= 2.54 centímetros	2.5 cm
1 pie	= 30.4 centímetros	30 cm
1 yarda (= 3 pies)	= 91.44 centímetros	1 m
1 milla	= 1 609 metros	1.5 km

Temperatura

32 °F (Fahrenheit)	0 °C Celsius	Punto de congelación
212 °F	100 °C	Punto de ebullición

Abreviaturas

atmósfera = atm

milímetro = mm

centímetro = cm

metro = m

kilómetro = km

pulgada = pulg (in)

yarda = yd

pie = ft

taza = t

galón = gal

pinta = pt

cuarto de galón = qt

onza = oz

cucharada = C

cucharadita = c

litro = l

mililitro = ml

Agradecimientos

Yo crecí en la que muchos consideran la época de oro del cine y la televisión. Mi familia fue una de las primeras del vecindario en adquirir tener una televisión en blanco y negro de las antiguas, y aún recuerdo que invitaba a mis amigos a ver los primeros programas de televisión. También recuerdo que todos los sábados por la tarde tomaba el autobús que me llevaba a los cines del centro de la ciudad para ver las películas de moda. La televisión y el cine me transportaban a un mundo de fantasía que estimulaba mi imaginación. Recuerdo naves espaciales que viajaban a otros planetas, o las películas de vaqueros en las que siempre el bien triunfaba sobre el mal. En aquellos breves momentos, sentía que yo participaba en el espectáculo. No imaginaba que parte de lo que veía se convertiría en realidad. En menos de 20 años, el hombre puso su pie en la Luna. Y sigo creyendo que el bien siempre triunfará sobre el mal.

Años más tarde, tuve la oportunidad de trabajar en la serie de televisión *MacGyver*. Mientras estuve en el foro de grabación, aprendí muchas cosas acerca de cómo se utilizaban los efectos especiales para realzar una historia. Deseo expresarle mi agradecimiento de manera especial a Rick Drew (guionista), a Adrianne Allen y a Steven Downing (productor ejecutivo) por permitirme ver detrás de las cámaras de la serie de televisión y por ayudarme a comenzar un proyecto educativo con la ayuda de Paramount Pictures titulado *Superciencia con MacGyver*.

Muchas personas me brindaron generosamente su tiempo y experiencia para hacer posible este libro. En especial, expreso mi agradecimiento a Scott Steynes por compartir conmigo sus valiosos conocimientos y por presentarme a sus amigos en la industria del cine y la televisión. Gracias Scott.

También, quiero expresar mi agradecimiento al equipo de personas de Wiley que trabajaron para hacer este libro una realidad. De manera especial, agradezco el trabajo de mi editora, Kate Bradford. Como siempre, su profesionalismo en todos y cada uno de los aspectos del proceso de publicación ha permitido que surja lo mejor de mí como escritor.

Introducción

Seguramente tienes una película o programa de televisión de tu predilección. Quizá haya algo en esa película o programa que te haga decir ¿cómo lo hicieron? Tal vez no te has dado cuenta, pero se necesitan muchos conocimientos científicos para la creación de películas y programas de televisión. El arte y la ciencia de los efectos especiales proporcionan algunos momentos emocionantes en las películas. Pero, ¿sabías que la fotografía en movimiento es en sí misma un efecto especial? Lo que ves en realidad son miles de imágenes fijas, parecidas a las fotos que tomas con tu cámara fotográfica. Cuando se ordenan en una secuencia y aparecen con rapidez frente a ti, las imágenes fijas fluyen juntas de modo que tus ojos y tu cerebro las perciben como si fueran una acción real. Este hecho básico, ¡hace que cada película sea una obra maestra de efectos especiales!

Por lo tanto, si te interesa el cine y la televisión, así como comprender la ciencia que permite hacerlos, seguro te gustarán las actividades sugeridas en este libro. Todas ellas son proyectos y experimentos científicos, pero con un poco de trabajo adicional, ¿quién dice que no podrían convertirse en el principio de la próxima película ganadora de un premio?

Cómo usar este libro

El libro está dividido en capítulos. Cada uno de ellos abarca una de las áreas generales que en conjunto se utilizan para hacer una película. En cada capítulo encontrarás experimentos y proyectos científicos para realizarlos como parte de la elaboración de una película. En cada proyecto se presenta una lista de materiales; podrás encontrar la mayoría de ellos en casa, en la tienda, en la ferretería o en la papelería más cercana.

Una novedad la constituyen las actividades que pueden realizarse usando la tecnología, como una computadora o una cámara de video. La tecnología cambia rápidamente la vida de las personas, incluyendo la forma de hacer películas. Las computadoras más potentes, programas de software nuevos y cámaras innovadoras dan la pauta para hacer películas aún más maravillosas. Las actividades de este libro, ¡te enseñarán a usar tu propia computadora o cámara de video para investigar la manera en que este equipo ayuda a hacer la magia del cine!

Algunos de los proyectos tienen una sección llamada *¡Continúa la diversión!*, en la cual encontrarás sugerencias para probar variaciones distintas de la actividad original. Al final de cada grupo de proyectos, se presentan explicaciones. Las palabras que aparecen en **negritas** se definen en el glosario al final del libro.

Lo que necesitas para ser un buen científico

- Lee una vez las instrucciones completas y junta todo el equipo que necesitarás antes de comenzar la actividad o experimento.

- Anota en un cuaderno todo lo que vayas haciendo y lo que ocurra en cada experimento o proyecto.

- Sigue cuidadosamente las instrucciones. *No intentes realizar por tu cuenta ninguno de los pasos en los que se requiera la ayuda de un adulto.*

- Si tu proyecto no funciona de manera adecuada la primera vez, inténtalo de nuevo de modo un poco diferente. Los experimentos no siempre funcionan a la perfección en el primer intento.

- Mantén siempre una mentalidad abierta para hacer preguntas y buscar respuestas. La base de la buena ciencia es hacer buenas preguntas y encontrar las mejores respuestas.

Cómo mejorar tu comprensión

- Realiza pequeños cambios en el diseño del equipo o proyecto para ver si los resultados siguen siendo los mismos. Cambia un solo elemento a la vez para que puedas decir cuál cambio provocó un resultado en particular.

- Inventa un experimento o actividad para poner a prueba tus propias ideas de cómo funcionan las cosas.

- Observa a tu alrededor para buscar ejemplos de los principios que has aprendido.

- No te preocupes si al principio no comprendes cómo funcionan todas las cosas. Siempre habrá cosas nuevas por descubrir. Recuerda que muchos de los descubrimientos más famosos se realizaron por accidente.

Puedes usar este libro para hacer un buen proyecto para la feria de ciencias

Muchas de las actividades de este libro pueden servir como punto de partida para tu proyecto de feria de ciencias. Después de realizar un experimento tal como se indica en el libro, ¿qué preguntas vienen a tu mente? En la sección de actividades *¡Continúa la diversión!* se sugieren algunos posibles proyectos para la feria de ciencias de tu escuela.

Para iniciar tu propio proyecto, primero escribe el problema que deseas estudiar y elabora una hipótesis. Una hipótesis es una conjetura informada de los resultados del experimento que habrás de realizar. Por ejemplo, si te gustó la actividad *Niebla en el pantano*, tal vez desees investigar más acerca del hielo seco. Una hipótesis plausible para un experimento con hielo seco podría ser: es posible producir más niebla utilizando agua caliente en lugar de agua fría.

El siguiente paso sería inventar un experimento para someter a prueba tu hipótesis. En el ejemplo *Niebla en el pantano,* podrías crear niebla utilizando agua a diferentes temperaturas, y observar los resultados. Asegúrate de llevar un registro cuidadoso de tu experimento. Posteriormente, analiza los datos que hayas registrado. Para el ejemplo mencionado, podrías elaborar una tabla en la que mostrarás la temperatura del agua, la cantidad de niebla producida y el tiempo que tardó la niebla en aparecer. Finalmente, elabora una conclusión que muestre si tus resultados comprueban o refutan tu hipótesis.

Este proceso se llama **método científico**. Cuando se sigue el método científico, comienzas con una hipótesis, la sometes a prueba con un experimento, analizas los resultados y obtienes una conclusión.

Unas palabras de advertencia

Algunos experimentos científicos pueden ser peligrosos. *Pídele ayuda a una persona adulta que te ayude en los experimentos que así lo requieran, como los en los incluyen el uso de cerillos, cuchillos u otros materiales peligrosos.* No olvides pedir permiso a tus papás para utilizar los objetos de la casa; tampoco olvides guardar tu equipo y limpiar tu área de trabajo cuando hayas terminado. Los buenos científicos son cuidadosos y evitan los accidentes.

La magia del cine

1

Cómo funciona el cine

Tal vez no te has dado cuenta, pero muchas de las técnicas que se utilizan para hacer películas tienen un fundamento científico. ¿Sabías que en realidad las caricaturas y las películas son dibujos y fotografías inmóviles que se graban en una cinta con una cámara y que se proyectan rápidamente una tras otra en una pantalla? Lo que hace que tú pienses que las imágenes que ves sobre la pantalla se mueven suavemente es la **visión**, la forma en que tus ojos y tu cerebro trabajan juntos. La **fisiología** es la rama de la **biología** que estudia la función de los organismos, entre ellos los seres humanos, y sus órganos, incluyendo los ojos. La química, la ciencia que investiga la materia, también se aplica en el cine. Cuando se hace una película, la química se utiliza en la fotografía. En la **fotografía**, las fotos se logran por la acción química de la luz sobre una superficie especial, como la película fotográfica. La **química** también se utiliza en algunos efectos especiales, como cuando se necesita fuego y niebla. La **física**, la ciencia de la materia y la energía y de su interacción, también participa en una filmación. La física estudia el movimiento, y la película debe moverse a través de una cámara justo a la velocidad correcta para hacer que el movimiento parezca normal. Si se mueve la cinta con mayor velocidad parecerá que la acción sucede más rápido, mientras que si se mueve más despacio hará parecer que la acción es más lenta. Otro aspecto de la física es la **óptica**, el estudio del comportamiento de la luz. Para hacer una buena película, es necesario tener conocimientos de tal comportamiento.

Si deseas aprender más acerca del uso de la ciencia en la producción de películas, realiza las actividades de este capítulo.

PROYECTO 1
Estenoscopio

Una fotografía te permite capturar un instante para siempre. ¿Alguna vez te has preguntado cómo funciona una cámara? Todas las cámaras producen imágenes al enfocar la luz sobre una película. ¡Intenta fabricar tu propia cámara para ver cómo funciona! Hazla con una caja de zapatos.

Materiales

caja de zapatos   cinta adhesiva
papel aluminio   tijeras
papel encerado   alfiler

Procedimiento

1. Recorta un cuadrado de 3 cm (1 pulg) por lado en uno de los extremos de la caja de zapatos. Con la cinta adhesiva, pega un cuadrado de papel aluminio sobre el cuadro de la ventana de la caja. Verifica que todas las orillas del papel aluminio queden cubiertas con cinta adhesiva.

2. Recorta todo el extremo opuesto de la caja de zapatos.

3. Coloca la tapa de la caja de zapatos en su lugar y pégala con cinta adhesiva.

4. Con cinta adhesiva, pega un cuadrado de papel encerado en el extremo descubierto de la caja de zapatos.

5. Con el alfiler, haz un orificio pequeño en el centro del papel aluminio.

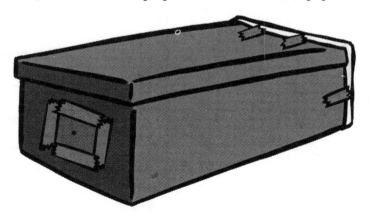

6. Coloca el extremo perforado de la caja apuntando hacia una ventana u otra fuente de luz. Observa el papel encerado. Una imagen pasará a través del orificio de alfiler y se mostrará en el papel encerado. ¿Qué es lo que ves?

¡Continúa la diversión!

Fabrica otras cámaras con cajas de diferentes tamaños. ¿Afecta el tamaño de la caja la imagen mostrada en el papel encerado?

Explicación

Aparecerá una imagen en el papel encerado. Sin embargo, la imagen se verá de cabeza.

Las cámaras, incluyendo la que fabricaste con una caja de zapatos, funcionan porque la luz viaja en línea recta. En tu cámara, la luz viaja en línea recta a través del orificio de alfiler y llega al papel encerado. La imagen que ves en el papel encerado está invertida porque la luz proveniente de la parte superior de un objeto viaja en línea recta a través del orificio de alfiler para crear una imagen en la parte inferior del papel encerado. De igual manera, la luz proveniente de la parte inferior del objeto llega a la parte superior del papel encerado. La imagen está invertida.

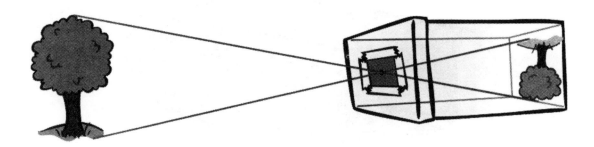

Desde el siglo XVI, artistas y científicos utilizaban un instrumento llamado cámara oscura. Al principio, sólo era un cuarto totalmente oscuro que tenía un pequeño orificio en una de las paredes exteriores. Cuando una persona entraba en el cuarto veía la imagen de un objeto iluminado que estaba en el exterior. La imagen pasaba a través del orificio y se reproducía, de manera invertida y a una escala menor, en la pared opuesta, igual que con la cámara que hiciste en esta actividad. Los artistas usaban esta imagen como un auxiliar para sus bocetos. Más tarde, el cuarto fue reemplazado por la caja hermética, a la cual se insertó un lente en el orificio.

En 1826, Joseph-Nicéphore Niépce utilizó una cámara oscura para proyectar una imagen sobre un papel sensible a la luz; creó así la primera cámara fotográfica.

PROYECTO 2
Fotografía perfecta

En la actividad anterior, aprendiste a elaborar un tipo especial de cámara. Pero las imágenes solamente se proyectaron sobre un trozo de papel encerado. ¿Cómo puedes hacer que estas imágenes sean permanentes? Intenta realizar la siguiente actividad para descubrirlo.

Materiales

un pliego de cartoncillo de color negro
4 piedras
una llave

Nota: Esta actividad debes realizarla en el exterior en un día soleado.

Procedimiento

1. Coloca el cartoncillo en un área abierta donde brille la luz del sol. Pon una piedra en cada una de las esquinas del cartoncillo de modo que no se vuele.

2. Coloca la llave en el centro del papel.

3. Tu proyecto debe estar en el sol por lo menos durante 4 horas.

4. Levanta la llave y observa el papel. ¿Qué es lo que ves?

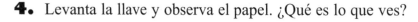

¡Continúa la diversión!

Haz la prueba de dejar la llave sobre el papel por periodos más largos o cortos. ¿Cuánto tiempo es necesario dejar el papel en el sol para obtener una impresión de la llave? Realiza el experimento en un día medio nublado. En este caso, ¿se puede obtener una impresión de la llave?

Explicación

El área del papel cubierta por la llave permanecerá de un color muy negro mientras que el área expuesta al sol tendrá un tono más claro.

El papel está hecho de fibras de madera que se prensan para formar un aglomerado. El cartoncillo obtiene su color con diferentes tintes. Cuando se elabora el cartoncillo, las partículas de tinte disueltas en agua se depositan o se pegan en las fibras de papel por medio de una reacción química. Un cambio en la materia en la cual las sustancias se separan para formar nuevas sustancias es una **reacción química**.

Cuando la luz solar llega al papel, ocurre una reacción química diferente que provoca que el papel se decolore. Todos los papeles de colores perderán su color después de un tiempo si se exponen a la luz solar. Tal vez has observado este fenómeno en algún tablero de anuncios en tu escuela. Cuando se retiran las fotografías, las áreas que han estado cubiertas tienen un color más oscuro que las áreas circundantes.

El papel de colores se decolora incluso con mayor rapidez cuando se expone a la luz solar directa. En particular, el cartoncillo negro se decolora más rápido porque contiene la mayoría de los tintes. La llave, u otro objeto, bloquea el sol y evita que el área cubierta se decolore. Después de un breve tiempo, el resto del papel se decolora, dejando una huella exacta de la llave sobre el papel. De esta manera, obtienes una imagen o "fotografía" de la llave.

La ciencia y el cine en acción

En 1839, el inventor francés Louis-Jacques-Mandé Daguerre (1789-1851) desarrolló el daguerrotipo sensible a la luz, una placa fotográfica en la cual se podía grabar una imagen de manera permanente. El principio físico fundamental de fotografía descubierto por Daguerre es que la luz que llega brevemente sobre los granos de ciertos compuestos químicos que contienen plata (cloruro de plata, bromuro de plata o yoduro de plata) produce pequeños cambios químicos en los granos. Cuando se colocan en ciertas soluciones químicas conocidas como reveladores, los granos afectados se vuelven negros.

Cuando se toma una fotografía con una cámara, la luz reflejada por el objeto pasa a través de la abertura de la cámara y del lente para formar una imagen invertida, como la que creaste en la actividad anterior. Durante el tiempo breve en que el obturador está abierto, la luz reflejada por esta imagen llega a la superficie de una película o placa cubierta por un compuesto químico de plata y crea una imagen invisible y permanente que puede ser grabada en ella. El proceso de revelado hace que la imagen sea visible.

PROYECTO 3
Taumátropo

Uno de los primeros métodos que se utilizaron para hacer que las imágenes se movieran fue un juguete sencillo llamado taumátropo. Este artefacto hace que las imágenes se muevan tan rápido que la persona puede seguir "viendo" un objeto que ya no está a la vista. Construye tu propio taumátropo.

Materiales

dos cuadrados de papel blanco de 10 cm (4 pulg) por lado
crayolas o plumones
dos cuadrados de cartulina de 10 cm (4 pulg) por lado
cinta adhesiva transparente
lápiz

Procedimiento

1. Dibuja un pájaro en uno de los cuadrados de papel blanco, y en el otro dibuja una jaula.

2. Con la cinta adhesiva transparente, pega cada uno de los dibujos en uno de los cuadrados de cartulina.

3. Con cinta adhesiva, pega uno de los cuadrados de cartulina en el lápiz por la parte de atrás. Después, pega el otro cuadrado de cartulina al lápiz con la cinta adhesiva de modo que la parte de atrás quede junto a la parte trasera del primer dibujo que pegaste; el lápiz quedará entre las dos piezas de cartulina.

4. Dale vueltas al lápiz para adelante y para atrás entre tus manos de modo que el taumátropo gire. Observa los dos dibujos. ¿Qué sucede?

¡Continúa la diversión!

Piensa en otros pares de dibujos que puedas juntar para formar una sola imagen. Por ejemplo, un barco y el océano, y crea un taumátropo con tus ideas. ¿Cuántos taumátropos diferentes puedes hacer?

Explicación

Cuando giras el lápiz, aparentemente los dos dibujos forman parte de una sola imagen. El pájaro aparecerá dentro de la jaula.

El taumátropo crea esta ilusión porque la mano es más rápida que la vista. Tu ojo ve el primer dibujo durante una fracción de segundo y después desaparece. El siguiente dibujo aparece antes de que tus ojos tengan la oportunidad de reaccionar. La retina conserva la primera imagen durante una fracción de segundo en un proceso llamado **persistencia de la visión.** Las imágenes formadas en la retina permanecen allí durante 1/30 de segundo. Como resultado, no ves dos imágenes separadas sino una sola imagen que contiene ambos dibujos. El efecto del taumátropo es que ves ambos dibujos juntos.

PROYECTO 4
Libro de fotogramas

En la actividad anterior, hiciste que dos imágenes parecieran una sola. ¿Qué pasaría si pusieras juntas muchas imágenes? Intenta realizar un libro de fotogramas para descubrirlo.

Materiales

una libretita de hojas de papel para recados engomada
    en uno de sus lados (hay en cualquier papelería)
lápiz

Procedimiento

1. Antes de comenzar tu película, decide el tema. Empieza con una idea simple. Por ejemplo, puede ser acerca de un niño jugando basquetbol, del crecimiento de una semilla hasta convertirse en una flor o de una hormiga caminando a través de la página. Tu película debe tener principio, trama y final, y debe ser lo suficientemente sencilla como para que sea fácil dibujarla.

2. Haz por lo menos 25 dibujos para darle vida a tu película. Comienza en la última página de tu libretita. Éste será tu primer dibujo porque es más fácil pasar las páginas de atrás para adelante. Haz tu primer dibujo.

3. Pasa a la penúltima página. Probablemente podrás ver que el dibujo se transparenta por la página, lo que te ayudará a realizar el siguiente dibujo. Hazlo, pero debe ser un poco diferente al primero.

4. Continúa haciendo dibujos en cada página hasta que tu película esté terminada. Cada uno de los dibujos debe ser ligeramente diferente al anterior y todos deben mostrar una idea simple de principio a fin.

5. Para ver la película, sostén la libretita por la parte de arriba y pasa las páginas rápidamente, desde la última hasta la primera.

¡Continúa la diversión!

Intenta hojear tu libro con mayor lentitud o más rápidamente. ¿Qué le sucede al movimiento? Utiliza un programa de computadora para hacer tus dibujos. ¿Por qué la computadora puede facilitar la elaboración de dibujos de un solo objeto en lugares o posiciones ligeramente diferentes para mostrar movimiento?

Explicación

Cuando pasas las páginas del libro, parece como si las imágenes se movieran en forma similar a una película.

El libro de fotogramas es otro ejemplo de persistencia de la visión. También esta vez las imágenes formadas en la retina permanecen allí por 1/30 de segundo. Como resultado, no ves dos imágenes sino una sola que contiene los dos dibujos sucesivos. El efecto del libro de fotogramas es que parece que los dibujos tienen movimiento.

Cuando hojeas el libro a diferentes velocidades, como se sugiere en ¡Continúa la diversión!, cambias la velocidad del movimiento de las imágenes. Cuando hojeas el libro más lentamente, parece como si las imágenes se movieran con mayor lentitud. Cuando lo hojeas más rápido, parece que las imágenes se mueven con mayor rapidez.

Cuando se elaboraron las primeras fotografías con movimiento, la intención no era entretener a un público. Eadweard Muybridge, un fotógrafo británico, hizo una apuesta para determinar cómo corren los caballos. Según él, cuando el caballo corre hay un momento en que ninguna de las patas del animal se apoya en el suelo.

En 1877, Muybridge acomodó 24 cámaras cerca de la meta en un hipódromo en California. Cada una de las cámaras tomó una foto ligeramente diferente de la carrera. Las fotos se colocaron en secuencia para resolver la apuesta. Una de las fotografías mostró claramente el momento en que las cuatro patas de un caballo no tocaban el suelo. Pero Muybridge observó algo más. Cuando miró las fotografías en secuencia, no parecían ser 24 fotos separadas sino una imagen breve de un caballo galopando debido a la persistencia de la visión.

Este sencillo experimento condujo a la creación de una industria que anualmente vende miles de millones de boletos en todo el mundo.

PROYECTO 5
Zoótropo

En las actividades anteriores, investigaste cómo se utiliza la persistencia de la visión para que parezca que fotografías separadas están en movimiento. Pero, ¿cómo usaron los cineastas este principio para hacer las primeras películas? Realiza la siguiente actividad para descubrirlo.

Materiales

un círculo de cartulina de 13 cm (5 pulg) de diámetro

una tira de cartulina de 10 × 41 cm (4 × 16 pulg)

cinta adhesiva   lápiz con goma
tijeras   lápices de colores o plumones
una tachuela   hoja de papel bond

Procedimiento

1. Coloca uno de los bordes largos de la tira de cartulina a lo largo del borde del círculo de cartulina. Si es necesario, encima la tira sobre sí misma y pégala en su sitio con cinta adhesiva. Así, obtendrás un cilindro de cartulina.

2. Con las tijeras, corta ocho ranuras equidistantes a lo largo del borde superior del cilindro. Cada ranura debe ser de 0.5 × 3.75 cm (1/8 × 11/2 pulg).

3. Inserta la tachuela en el centro del círculo de cartulina desde la parte interna del cilindro, y después métela en la goma del lápiz. El cilindro deberá girar con facilidad sobre el lápiz.

4. Recorta una tira de papel de 5 × 41 cm (2 × 16 pulg). Coloca la tira en el fondo de la parte interna del cilindro. Recorta la tira de modo que quede exactamente del tamaño del cilindro.

5. Saca la tira y divídela a lo largo en ocho secciones iguales.

6. Con los lápices de colores o plumones, crea una secuencia animada utilizando las ocho secciones, de manera similar a la que dibujaste en tu libro de fotogramas de la sección anterior.

7. Regresa la tira al fondo de la parte interna del cilindro de modo que la parte media de cada figura quede alineada debajo de una de las ranuras.

8. Observa las figuras a través de las ranuras en movimiento conforme giras el cilindro. ¿Qué observas?

¡Continúa la diversión!

Intenta realizar otras historias animadas para utilizar tu zoótropo.

Explicación

Cuando giras el cilindro y miras a través de los orificios, parece como si las figuras o fotografías se movieran. Las ranuras te permiten mirar solamente una figura a la vez.

A mediados del siglo XIX, se creó el zoetropo o zoótropo, una de las primeras máquinas de "imágenes en movimiento". La palabra zoetropo proviene de los vocablos griegos *zoe* que significa vida y *tropo*, girar. Cuando se miran a través de una serie de ranuras verticales construidas en el costado del cilindro giratorio, las imágenes individuales colocadas en el borde interior del cilindro parecen figuras en movimiento. Como ya se mencionó, esto se debe a la persistencia de la visión en el observador, en cuya retina quedan las imágenes durante una fracción de segundo.

La ciencia y el cine en acción

Uno de los problemas que se presentan con el zoótropo es que sólo una persona puede ver la "película" a la vez. Sin Embargo, Thomas Alva Edison, no consideró que esto fuera un problema. Pensó que las películas se veían mejor así. Por lo que cuando las imágenes en movimiento se transfirieron más tarde a una cinta por medio de un proceso inventado por George Eastman, Edison inventó el cinetoscopio, una máquina con una mirilla para ver películas, de modo que sólo una persona podía utilizarla a la vez. Creía que este invento permitiría obtener mayores ganancias que una película proyectada frente a un público grande a la vez.

Edison cometió un error al no ampliar la patente de su cinescopio a Inglaterra y Europa. Louis y Auguste Lumière diseñaron una versión portátil, llamada cinematógrafo, basada en la máquina de Edison. En 1895, comenzó el cine de manera oficial cuando los hermanos Lumière presentaron una serie de películas cortas a un público que pagó su boleto para asistir a la función, ¡en el sótano de un café de París!

PROYECTO 6
Imágenes en movimiento

Tienes tu película y ya la han visto varios de tus amigos, pero ahora deseas encontrar una manera de exhibirla frente a muchísimas personas al mismo tiempo. ¿Qué puedes hacer? La respuesta es proyectarla en una pantalla o en algo parecido. Realiza la siguiente actividad para aprender una forma interesante de llevar a cabo esta idea.

Materiales

un proyector de diapositivas
una diapositiva de 35 mm
una cartulina blanca
un palo de madera de 1 m (1 yarda) de largo

Procedimiento

1. Coloca la diapositiva en el proyector. Enciéndelo.

2. Coloca la cartulina aproximadamente a 2 m (6 pies) del proyector. Ajusta el foco para que la imagen proveniente de la diapositiva se vea con claridad sobre la cartulina. Quita la cartulina.

3. Sostén el palo de madera en el lugar donde estaba originalmente la cartulina.

4. Ondea el palo rápidamente para arriba y para abajo moviendo tu muñeca. ¿Qué observas?

¡Continúa la diversión!

Intenta mover el palo de madera en diferentes formas; por ejemplo, en forma de cilindro o de cono. ¿Qué diferencia encuentras?

Explicación

Cuando mueves el palo de madera con rapidez para arriba y para abajo, la imagen aparece en el aire.

La luz no puede ser vista a menos que sea reflejada desde un objeto. En este caso, la luz choca con el palo en movimiento y es reflejada. Cuando esta luz entra en tu ojo, forma una imagen sobre tu retina. Tu ojo retiene cada parte de la imagen aproximadamente durante 1/30 de segundo, tiempo suficiente para permitir que juntes las partes para formar una imagen completa. Esta acción del ojo es otro ejemplo de la persistencia de la visión.

Las películas pueden exhibirse sobre muchos materiales diferentes. Las pantallas de cine funcionan bien porque su color blanco refleja la mayor parte de la luz que choca con ellas. Sin embargo, las películas también pueden proyectarse sobre otros materiales. Recientemente, en uno de los espectáculos fastuosos de Disney on Parade, la pantalla para ver los dibujos animados de Mickey Mouse, ¡era de agua en rocío!

PROYECTO
En tercera dimensión

Los seres humanos vemos con los dos ojos ubicados en el frente de la cabeza. Esta ubicación de los ojos es muy importante para la forma en que ves el mundo. Pero, ¿cómo afecta este hecho la forma de hacer películas y programas de televisión? Realiza la siguiente actividad para descubrirlo.

Materiales

lápices de colores o plumones   cartulina

hojas carta de color blanco   tijeras

caja de cartón   pegamento

cinta adhesiva   plastilina

Procedimiento

1. Con los lápices de colores o plumones, dibuja en una hoja blanca una escena al aire libre, que servirá como fondo. Puedes incluir montañas, árboles, e incluso un río.

2. Con cinta adhesiva, pega la escena en el fondo de la caja de cartón.

3. En otra hoja blanca, dibuja y colorea una figura humana. Con pegamento, fija la figura en un pedazo de cartulina y recórtala con las tijeras.

4. Con la plastilina, crea una base para que la figura se sostenga sola.

5. Coloca la figura aproximadamente a 30 cm (1 pie) enfrente de la escena de fondo.

6. Párate de modo que tu cabeza quede más o menos a 60 cm (2 pies) de la escena de fondo. Cierra tu ojo izquierdo y con el derecho, mira la figura y la escena.

7. Después, cierra tu ojo derecho y observa la figura y la escena con el izquierdo.

8. Alterna rápidamente tus ojos para ver la figura y la escena de fondo. ¿Qué notas acerca de la posición de la figura que está enfrente de la escena?

9. A continuación, pon la figura hasta el fondo y repite los pasos del 6 al 8. ¿Qué notas esta vez que la figura está en el fondo?

Explicación

Cuando la figura está alejada de la escena de fondo, parecerá que se mueve a la izquierda o a la derecha de tu vista dependiendo del ojo con el que la mires. Sin embargo, cuando la figura está colocada en el fondo, parece que no se mueve.

Debido a que en el ser humano los dos ojos miran al frente, las cosas se pueden ver en tres dimensiones. La mayor parte de lo que ve tu ojo derecho también lo ve tu ojo izquierdo. Al tener un objeto enfrente, cada ojo lo ve desde un ángulo diferente y obtiene una visión ligeramente distinta de él. Estas imágenes se forman en la retina de cada uno de tus ojos y son enviadas al cerebro. El cerebro superpone estas dos imágenes, una encima de la otra. La combinación de ambas en una sola imagen produce una imagen en tercera dimensión. Pero cuando la figura está también en el fondo, no ocurre este fenómeno porque ambos ojos ven exactamente la misma imagen y la figura tiene una apariencia plana.

Debido a que las películas y programas de televisión se exhiben sobre pantallas planas, no se ven imágenes en tercera dimensión creadas por la visión proveniente de cada uno de los ojos. Hay otros métodos para que el cine pueda crear el efecto de profundidad y de 3-D.

La ciencia y el cine en acción

Algunas películas y programas de televisión han buscado crear el fenómeno de la tercera dimensión en una pantalla plana. Para hacerlo, las escenas se graban con cámaras especiales con las que se obtienen dos imágenes ligeramente diferentes de una escena, de modo similar a la forma en que una persona ve con ambos ojos. Cuando estas imágenes se proyectan en la pantalla, se ven dos imágenes distintas. Pero si se miran a través de unos anteojos especiales, se observa una imagen en tercera dimensión. Estos lentes permiten que cada uno de los ojos vea sólo una de las imágenes. El cerebro superpone las imágenes diferentes y crea así el efecto de profundidad en lo que se mira.

PROYECTO 8
Ponlo en perspectiva

Existen muchas situaciones en las que un fondo ayuda a configurar una escena de una película. Representar los aspectos tridimensionales del fondo siempre ha sido un reto para el escenógrafo. El dibujo de perspectiva es sólo uno de los métodos para darle una vista tridimensional a una imagen. Pero, ¿cómo puedes hacer que el escenario se vea más grande de lo que realmente es? Realiza la siguiente actividad para saberlo.

Materiales

regla
hoja de papel
lápiz

Procedimiento

1. Con la regla, traza una línea horizontal en la hoja. Dibuja dos puntos, A y B, cerca de los extremos de la línea. Estos dos puntos representan los puntos de fuga del dibujo.

2. Traza una línea vertical, aproximadamente de 1/4 de la longitud de la línea horizontal, que la atraviese por la parte media. Escribe la letra C en el extremo superior de esta línea y en su extremo inferior, la letra D.

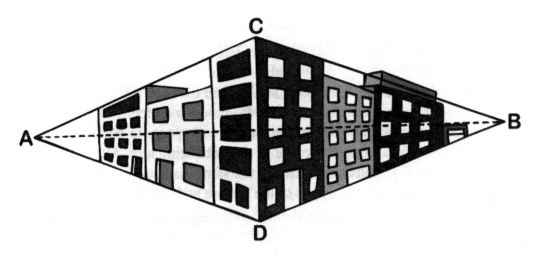

3. Une los puntos A y B con los puntos C y D. Estas líneas servirán como guías para tu dibujo de perspectiva. Para que la altura de los edificios sea diferente, puedes agregar líneas paralelas a las que ya dibujaste.

4. Dibujarás la vista de una calle para crear la ilusión de tres dimensiones. Añade líneas verticales y comienza a dibujar los edificios y detalles con la ayuda de las líneas en perspectiva. ¿Cómo es que un dibujo de perspectiva le da un aspecto tridimensional a la estructura?

¡Continúa la diversión!

Colorea la vista de la calle que acabas de dibujar. Puedes pintar algunas figuras en la banqueta. ¿Cómo puedes hacer que las personas que están cerca del horizonte parezcan estar muy lejos? ¿Qué tan real puede ser la escena de la calle?

Explicación

Has logrado un dibujo con apariencia tridimensional. Los edificios parecen extenderse en el horizonte.

En esta actividad se utiliza la perspectiva de dos puntos para crear la cualidad tridimensional de la escena. Al paso del tiempo, tu cerebro aprende a apreciar la perspectiva con base en la expectativa del tamaño relativo de ciertos objetos. Un objeto que se ve grande debe estar cerca. Si se ve pequeño, debe estar más lejos. Si miras una calle en la que hay un hilera de árboles, éstos se van haciendo más pequeños y la calle más estrecha conforme se va alejando de tu vista. Si haces un dibujo con esta misma perspectiva, habrá partes de la imagen que parezcan estar más lejos que otras simplemente porque las habrás dibujado de diferente tamaño. Aunque en realidad cada punto del dibujo está a la misma distancia con respecto a los ojos, el cerebro interpreta que algunas partes están más lejos y otras más cerca del observador.

La ciencia y el cine en acción

A lgunas veces, los actores son más bajitos de lo que parecen en las películas. Para hacer que los actores bajitos se vean más altos en la pantalla, los escenarios se hacen más pequeños. En uno de los foros de Universal Studio, un lado de una calle del oeste se hizo en una perspectiva más pequeña mientras que el otro lado con una más grande. Cuando el héroe de la película salía de la oficina del sheriff por el lado más pequeño de la calle, su cabeza casi tocaba la parte alta del marco de la puerta, lo que hacía que pareciera más alto de lo que en realidad era. Pero cuando los villanos salían por la puerta de la taberna en el lado de la calle con la perspectiva más grande, sus cabezas quedaban mucho más abajo del marco de la puerta, lo que hacía que parecieran más bajos de estatura.

PROYECTO 9
Cuarto distorsionado

El diabólico asistente del Dr. Destructo se eleva en la puerta de entrada, ¡y parece medir por lo menos 2.20 metros (7 pies) de estatura! ¿Realmente el actor es tan alto? ¿O acaso el cine utiliza otros medios para hacer que una persona bajita se vea alta? Realiza la siguiente actividad para descubrirlo.

Materiales

hojas blancas	plastilina	2 muñequitos de plástico más o
regla	libros	menos de 5 cm (2 pulg); uno
plumines	una cartulina	de ellos deberá ser un poco
		más pequeño que el otro

Procedimiento

1. Sobre una mesa, coloca una hoja de papel; con un plumín y la regla, dibuja una línea vertical de 10 cm (2 pulg) de largo cerca de la orilla de la hoja. Pon una marca cada 2.5 cm (1 pulg) a lo largo de la línea.

2. Dibuja perpendicularmente otra línea de 15 cm (6 pulg) que empiece en la parte media de la primera línea y prolóngala por toda la hoja. Dibuja una marca cada 3.75 cm (1.5 pulg) a lo largo de esta línea.

3. Traza una tercera línea paralela a la primera. Esta línea debe tener 5 cm (2 pulg) de largo y su centro debe quedar en la línea que dibujaste en el paso 2. Dibuja una marca cada 1.25 cm (1/2 pulg) a lo largo de la línea.

4. Une el extremo superior de la línea que dibujaste en el paso 1 con el extremo superior de la línea que dibujaste en el paso 3. De igual manera, une el extremo inferior de la línea del paso 1 con el extremo inferior de la línea del paso 3.

5. Dibuja una línea que una las marcas entre las últimas líneas.

6. Traza líneas verticales paralelas a la línea del paso 1 que atraviesen cada una de las marcas que hiciste en la línea de 15 cm (6 pulg), de modo que obtengas un dibujo como el que se muestra a continuación.

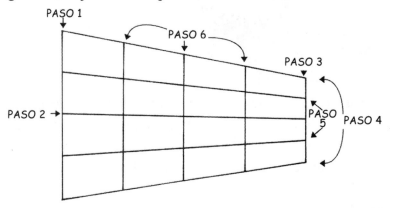

7. Dobla la hoja a lo largo de la línea inferior de la figura de manera que forme un ángulo recto.

8. Coloca la hoja de papel sobre la cartulina de modo que tu dibujo quede perpendicular. Coloca un libro detrás del dibujo para que quede en posición vertical. Cubre la orilla de la primera hoja con otra hoja para que sirva de piso.

9. Apila varios libros encima de la mesa. Después, coloca un extremo de la cartulina sobre los libros para crear una pendiente. Añade suficientes libros para hacer que las líneas que dibujaste queden verticales.

10. Para el muñequito más alto cerca de la línea vertical más corta y el muñequito más bajito cerca de la línea vertical más larga. Si es necesario, pon plastilina para que los muñequitos queden de pie.

11. Con un ojo cerca de la esquina más alta de la cartulina, mira los muñequitos. ¿Cuál de ellos se ve más grande?

12. Cambia los muñequitos de lugar de modo que el más alto quede cerca de la línea vertical más alta y el más bajito cerca de la línea vertical más corta.

13. Nuevamente, con un ojo cerca de la esquina más alta de la cartulina, mira los muñequitos. ¿Cuál se ve más grande esta vez?

Explicación

Cuando el muñequito más alto se coloca cerca de la línea más corta se verá aún más alto que el muñequito más pequeño. Cuando colocas el muñequito más pequeño cerca de la línea más corta, parecerá más alto que el otro muñequito.

Este es un ejemplo de perspectiva forzada. La **perspectiva forzada** es un tipo de ilusión óptica. Una ilusión de este tipo ocurre porque el cerebro interpreta incorrectamente algo que el ojo humano ve como similar a otra cosa que vio antes. El cerebro asume que las líneas horizontales son paralelas y por lo tanto que la distancia entre ellas es igual, por lo que la figura que cubre más líneas es más alta.

La ciencia y el cine en acción

En la película Tiburón, un tiburón blanco gigantesco ataca a los habitantes de un pueblo. La película se hizo con un tiburón mecánico grande y con secuencias de un tiburón real. Pero los productores de la película no pudieron encontrar un tiburón tan grande como su monstruo mecánico, y el tiburón mecánico no podía moverse como un tiburón real. Por lo que para filmar al tiburón atacando a un hombre en una jaula bajo el agua, contrataron a un ex jockey que medía menos de 1.50 m (unos 5 pies) para que estuviera dentro de una jaula, que también era de menor tamaño. Esto hizo que el tiburón pareciera más grande de lo que era en realidad.

Hazlo realidad

2

Utilería y maquillaje

Cuando ves una buena película o un buen programa de televisión, parece como si te transportaras a otro tiempo y lugar. Si los objetos de utilería, los trajes y el maquillaje son efectivos, la historia parecerá más real. La ciencia puede ayudar a que esta parte del espectáculo se acerque más a la realidad.

Los cineastas usan la química para hacer sangre de utilería, o de mentiras; o sea, sangre falsa. También, deben tener conocimientos de biología para representar con precisión heridas o las partes del cuerpo. Con la química, se puede simular y controlar el fuego que ves en una película. Y la física te dirá que tu héroe tiene que fingir que la enorme piedra que acaba de levantar realmente es muy pesada, aunque esté hecha de cartón.

Realiza las actividades que se presentan en este capítulo para investigar algunas de las formas en que se utiliza la ciencia para hacer que las películas parezcan ¡realmente pavorosas!

PROYECTO 1
Como una roca

De repente, la máquina de rayos X se enciende y el héroe de la película recibe una dosis de radiación que lo deja sin conocimiento. Cuando despierta, tiene una fuerza sobrehumana. Puede levantar rocas enormes con facilidad. Pero, ¿cómo puede un actor hacer esto? Realiza la siguiente actividad para descubrirlo.

Materiales

roca del tamaño de tu puño
cubo de poliestireno (unicel) de
    15 cm (6 pulg) (lo venden en
    papelerías y tiendas de
    artesanías)

pinturas del color de la
    roca muestra
pincel
ayudante adulto
navaja

Procedimiento

1. Observa la roca muestra. ¿Qué forma tiene? ¿De qué color es? Utiliza esta roca como modelo en este proyecto.

2. Con la supervisión de un adulto, esculpe el cubo de unicel para darle forma de roca cortando primero las esquinas y después una forma redondeada. Continúa cortando como sea necesario.

3. Con la pintura y el pincel, pinta la roca de unicel para que parezca real. Es probable que necesites varios colores y técnicas de pintura para obtener la apariencia correcta.

4. Coloca tu "roca" junto a la roca muestra. Levanta cada una de ellas. Ahora simula que la roca de unicel es real. ¿Qué cosa harías diferente para levantarla?

5. Enséñale las dos rocas a un amigo. ¿Puede advertir el engaño?

¡Continúa la diversión!

Intenta elaborar y pintar otros objetos de unicel. Por ejemplo, ¿puedes hacer que una pieza de unicel parezca un trozo de madera o un ladrillo?

Explicación

Tu "roca" se ve igual que la roca real, pero es más ligera.

El peso de un objeto depende de su tamaño y de su densidad. La **densidad** es la relación entre la masa de un objeto y su volumen. Si dos objetos tienen el mismo tamaño (volumen), el objeto que tenga menos masa será menos denso que el otro. Al utilizar materiales menos densos pero que tienen forma y color iguales al material original en las películas y programas de televisión, te hacen creer que los héroes tienen una fuerza sobrehumana.

El poliestireno (unicel) y otros materiales ligeros se usan en las películas para crear objetos de utilería mucho más ligeros que los objetos reales. Por ejemplo, si ves que un techo se derrumba sobre una persona o que una pared de ladrillos se cae, en realidad no están hechos de piedra sino de un material ligero como el unicel. Parecen reales, pero su densidad menor los hace muy ligeros, ¡y los actores que quedan aplastados en realidad no se lastiman!

PROYECTO 2
Reacciones extrañas

Los agentes secretos observan el misterioso polvo blanco que han encontrado. Si es lo que ellos piensan... Hacen una prueba para estar seguros colocando unos pocos granos del polvo blanco en un líquido claro. De inmediato, el líquido se torna rojo. Se miran entre ellos preocupados preguntándose cómo van a detener el malévolo plan. Tú sabes que el polvo blanco en realidad no es peligroso pero, ¿cómo hacen los cineastas para que cambie el color y aparentar que sí lo es? Realiza la siguiente actividad para descubrirlo.

Materiales

col morada
2 litros (1/2 galón) de agua
   de la llave
1 cacerola de 2 litros
   (1/2 galón) de capacidad
recipiente de plástico
5 frascos pequeños
marcador

1 cucharadita de jugo de limón
1 cucharadita de vinagre
1 cucharadita de agua embotellada
1 cucharadita de polvo para hornear
colador
1 cucharadita de amoníaco
ayudante adulto
etiquetas pequeñas

Procedimiento

1. Corta dos hojas de col morada en pedacitos. Pídele a tu ayudante adulto que las hierva durante cinco minutos en los dos litros (1/2 galón) de agua.

2. Con el colador encima del recipiente de plástico, pídele a tu ayudante adulto que vierta el líquido. Tira las hojas de col. Permite que el líquido coloreado se enfríe en el recipiente.

3. Alinea los cinco frascos y vierte en cada uno de ellos media taza de líquido de col. Numéralos del 1 al 5 con el plumón y las etiquetas.

4. Añade jugo de limón en el frasco 1, vinagre en el frasco 2, agua embotellada en el frasco 3, bicarbonato de sodio en el frasco 4 y amoníaco en el frasco 5. **Precaución: Ten cuidado de no derramar amoníaco en tus manos. En caso de que suceda, lávate inmediatamente con jabón y agua.**

5. Observa el color del líquido después de añadir las diferentes sustancias químicas en los frascos. Anota los colores en una tabla similar a la siguiente.

Frasco no.	Sustancia	Ácido/base	Color
1	jugo de limón	ácido	
2	vinagre	ácido ligero	
3	agua embotellada	neutro	
4	polvo para hornear	base ligera	
5	amoníaco	base	

6. Con el líquido de col restante, haz la prueba con otros alimentos, como leche, salmuera, salsa de soya, polvo para hornear, etc. Utiliza frascos nuevos y añade porciones pequeñas de alimento. Observa qué le pasa al color del líquido de col. Con base en el color, utiliza tu tabla para determinar si el alimento es ácido, ligeramente ácido, neutro, base ligera o base.

¡Continúa la diversión!

Intenta mezclar otras soluciones con el líquido de col. Utiliza líquidos diferentes al de col para hacer la prueba con las sustancias. Por ejemplo, realiza el experimento con té, jugo de uva, etcétera.

Explicación

Los resultados esperados del experimento son los siguientes:

Frasco no.	Sustancia	Ácido/base	Color
1	jugo de limón	ácido	rojo
2	vinagre	ácido ligero	rosa
3	agua embotellada	neutro	morado oscuro
4	polvo para hornear	base ligera	verde claro
5	amoníaco	base	verde

Un **indicador químico** es una sustancia especial que, cuando se mezcla con un ácido o una base, cambia de color. Una sustancia puede tener la propiedad química de ser un ácido o una base. Los **ácidos** y las **bases** son sustancias que reaccionan cuando se mezclan para formar una sal. El jugo de col es un indicador químico, por lo que cambiará de color dependiendo del tipo de solución que se le añada.

En las películas se utilizan líquidos que cambian de color para aparentar todo tipo de cosas, desde los resultados de una prueba de un material desconocido hasta simplemente añadir objetos y sustancias de utilería en un laboratorio científico.

PROYECTO 3
Joyas ocultas

Un diamante enorme le ha sido robado a una de las personas invitadas en una fiesta de fin de semana. La policía no permite que nadie entre o salga de la casa y realiza una investigación cuidadosa, pero no encuentra la gema robada. Todos los invitados son llevados a la habitación donde el diamante fue visto por última vez. El famoso detective descubre dónde está escondido el diamante, a la vista pero invisible. ¿Cómo es esto posible? Realiza la siguiente actividad y descúbrelo.

Materiales

2 frascos de vidrio
agua
aceite Wesson (regular,
   no light)
gotero de vidrio

trapo de cocina
agitador de pirex (lo venden
   en las tiendas de productos
   para laboratorio)

Procedimiento

1. Llena uno de los frascos con agua hasta la mitad.

2. Llena el otro frasco con aceite Wesson hasta la mitad.

3. Observa el gotero fuera del agua. Sumérgelo en el agua, aprieta el bulbo y llénalo de agua. ¿Cómo se ve la porción de vidrio del gotero fuera del agua y cómo se ve dentro del agua?

4. Saca el gotero del agua, sécalo y métefo en el aceite Wesson. Aprieta el bulbo del gotero para llenarlo de aceite. ¿Cómo se ve ahora la porción de vidrio del gotero al compararlo con la forma en que se veía en el aire?

5. Introduce el agitador de pirex en el agua. ¿Cómo se ve la parte del agitador que queda fuera del agua en comparación con la parte que está dentro del agua?

6. Saca el agitador de pirex del agua, sécalo y colócalo dentro del aceite. ¿Cómo se ve la sección del agitador que está arriba del aceite en comparación con la parte que está dentro de él?

Realiza el experimento con diferentes líquidos claros, como jarabe de maíz, aceite mineral u otras marcas de aceite vegetal, para ver si puede hacer desaparecer el gotero o el agitador de pirex.

Explicación

Puedes ver el gotero de vidrio tanto en el agua como en el aceite, aunque su imagen se verá ligeramente borrosa en los líquidos en comparación con la vista del gotero en el aire. El agitador pirex lo ves cuando está en el agua, pero no lo ves cuando está en el aceite.

Los objetos transparentes, como vidrio, pirex, agua y aceite, permiten que la luz pase a través de ellos. Sin embargo, cuando la luz cruza por un objeto transparente como el vidrio, la luz se **refracta**, es decir, se desvía cuando pasa del aire al vidrio y del vidrio al aire. La cantidad de luz desviada depende del índice de refracción del objeto transparente. El agua y el vidrio tienen **índices de refracción** diferentes. Cuando la diferencia entre los índices de refracción de dos materiales transparentes es grande, uno de ellos es más visible. Pero cuando la diferencia entre los índices de refracción de un líquido y un sólido transparentes es pequeña, no hay refracción entre el objeto y el líquido, por lo que el objeto dentro del líquido es invisible. Debido a que los índices de refracción del aceite Wesson y del pirex son similares, no podrás ver el agitador de pirex por debajo de la superficie del líquido.

En la escena descrita al inicio de esta actividad, el diamante estaba dentro de un vaso lleno con un líquido claro que tenía el mismo índice de refracción de los diamantes, por lo que nadie podía verlo.

PROYECTO 4
Para atraer a los animales

En una escena de una película, unos niños están jugando en el patio cuando de repente los ataca un enjambre de abejas. ¿Cómo sabe el director cuándo se acercarán las abejas? ¿O cómo las ahuyentan después de que ya no las necesitan? Realiza la siguiente actividad para saber cómo controlan a los insectos durante la realización de una película.

Materiales

una venda
   para cubrir los ojos
alguna sustancia de olor agradable
   (perfume o esencia de vainilla)
bolitas de algodón

vaso desechable pequeño
toalla de papel
ayudante
cuarto grande

Nota: Pide permiso antes de mover algún mueble para realizar esta actividad.

Procedimiento

1. Con la colaboración de tu ayudante, empuja los muebles para que queden pegados a las paredes de la habitación.

2. Empapa varias bolitas de algodón con la sustancia aromática. Coloca las bolitas de algodón impregnadas de la esencia dentro del vaso desechable.

3. Venda los ojos de tu ayudante. Pídele que huela el vaso que contiene las bolitas de algodón con aroma.

4. Coloca el vaso que contiene las bolitas de algodón en el lado opuesto del cuarto.

5. Pídele a tu ayudante que encuentre el vaso con la ayuda de su sentido del olfato.

¡Continúa la diversión!

Repite la actividad usando diferentes sustancias aromáticas en vasos distintos. ¿Qué olor es más fácil de encontrar? ¿Qué olor es más difícil de encontrar?

Explicación

Tu ayudante debe ser capaz de encontrar el vaso después de poco tiempo. Aunque el sentido del olfato en los humanos no es tan bueno como el de algunos animales, aún así es notable.

Una teoría actual acerca de la forma en que las personas detectan los olores dice que la forma de las moléculas de la sustancia aromática ayuda a identificar el olor. Una molécula que origina un olor y que entra por la nariz se adecuará únicamente a un sitio de forma específica dentro de la nariz, de manera parecida a la forma en que una llave entra en una cerradura. Una vez que la molécula de olor se acomoda en su sitio dentro de la nariz, envía un mensaje al cerebro, y la persona siente un olor específico. Cada sitio receptor dentro de la nariz tiene una forma específica para un olor en especial. La nariz humana puede detectar entre 2 000 y 4 000 olores diferentes producidos por varias combinaciones de receptores en la nariz. Aunque el sentido del olfato de los humanos parece ser muy bueno, algunos animales tienen este sentido mucho más desarrollado.

Existen personas especializadas, a quienes en la industria del cine se conoce como *wranglers*, que entrenan a los animales para que puedan participar en películas y programas de televisión. Utilizan el buen olfato de los animales y otros métodos para hacer que actúen de la manera requerida. Los perros y los gatos lamerán sustancias dulces que se ponen los actores en la cara, mientras que las ratas "atacarán" a una persona cubierta con mantequilla de cacahuate.

La ciencia y el cine en acción

En un episodio del programa de televisión Los expedientes secretos X hay una escena en la que una maestra y sus alumnos son atacados por un enjambre de abejas mientras juegan en el patio de la escuela. Para lograr esta escena sin dañar a nadie, se le aplicó una feromona a la maestra y también a ciertas áreas del patio. Una **feromona** es una sustancia química que un animal puede oler y que lo atrae. La feromona atrajo a las abejas y también hizo que se sintieran menos inclinadas a atacar. El entrenador liberó un enjambre de abejas. De inmediato, éstas fueron atraídas por las feromonas, volando por todo el patio y rodearon a la maestra, creando así el efecto de un ataque. Una vez concluida la escena, el entrenador utilizó la misma feromona para atraer a las abejas de regreso a su panal; después, lavaron todas las piezas del equipo, y la actriz se dio un buen baño con agua y jabón.

PROYECTO 5
Simplemente sangre

Muchos cineastas utilizan sangre para crear películas de mucho terror. Por supuesto, ¡toda la sangre que ves en las películas es de mentiras! Existen muchas recetas para elaborar sangre falsa. Realiza la siguiente actividad para conocer una de ellas.

Materiales

cucharas medidoras
jarabe de maíz blanco
una taza
agua

palillo de dientes
colorante rojo para alimentos
almidón de maíz
salsa de soya

Procedimiento

1. Pon dos cucharadas de jarabe de maíz blanco en la taza.

2. Añade una cucharada de agua y revuelve con el palillo de dientes.

3. Añade dos gotas de colorante rojo para alimentos. Nuevamente, revuelve la mezcla con el palillo de dientes.

4. Añade una pizca de almidón de maíz y varias gotas de salsa de soya a la mezcla. Vuelve a mezclar con el palillo hasta que las sustancias estén completamente mezcladas.

5. Pon una pequeña cantidad de esta mezcla en el dorso de tu mano. ¿Qué parece?

Explicación

La mezcla que elaboraste se parece mucho a la sangre. Esta sangre falsa es similar a la que se utiliza en el cine y la televisión.

Aunque esta receta es sencilla, la sangre real es una sustancia muy compleja. 55 por ciento de la sangre es plasma. El **plasma** es la parte líquida de la sangre y principalmente es agua salada. Además del plasma, la sangre está formada por tres tipos diferentes de células sanguíneas. Los glóbulos rojos constituyen aproximadamente 44 por ciento de la sangre. Transportan oxígeno a todas las células del cuerpo, donde captan dióxido de carbono para conducirlo a los pulmones para ser eliminado al exterior. Los **glóbulos blancos** constituyen menos de 1 por ciento de la sangre. Los glóbulos blancos le ayudan al cuerpo a luchar contra las infecciones y enfermedades. Las **plaquetas** forman menos de 0.01 por ciento de la sangre y sirven para que ésta coagule para sanar cortadas y raspones.

La película Psicosis se filmó originalmente en blanco y negro. En la famosa escena del baño, se puede ver "sangre" corriendo por el desagüe de la bañera. Debido a que Alfred Hitchcock, el director, no necesitaba que la sangre fuera roja, utilizó jarabe de chocolate. Ahora que lo sabes, es probable que la próxima vez que veas Psicosis, te asustarás menos si repites: "Sólo es jarabe de chocolate, sólo es jarabe de chocolate".

PROYECTO 6
Costras

Si la sangre no es suficiente para espantar, tal vez prefieras cubrir a tu actor con costras. Al departamento de maquillaje le dará mucho gusto poner costras falsas en los lugares adecuados. Realiza la siguiente actividad para que aprendas una manera de hacerlo.

Materiales

cucharas medidoras
vaselina
plato
sangre falsa del proyecto 5

palillo de dientes
pañuelo desechable
chocolate en polvo
una toalla de papel

Procedimiento

1. Vierte una cucharada de vaselina en el centro del plato.

2. Añade una cucharadita de sangre falsa en la vaselina y remueve con el palillo de dientes.

3. Pon una cantidad de la mezcla en el dorso de una de tus manos, suficiente para formar una mancha del tamaño de un moneda.

4. Con el pañuelo desechable, haz un círculo ligeramente más pequeño que la moneda y cubre con ella la mezcla que colocaste en el dorso de tu mano.

5. Coloca otra capa pequeña de la mezcla encima del círculo de pañuelo desechable.

6. Espolvorea un poco de chocolate encima de la mezcla. ¿Qué parece?

7. Para quitar la costra falsa, usa la toalla de papel.

¡Continúa la diversión!

Mezcla taza y media de hojuelas de avena y 1/4 de taza de agua para formar una pasta espesa. Deja secar una pequeña cantidad de la mezcla sobre tu mano. ¿Qué apariencia tiene la mezcla? Prueba con otras sustancias, como colorante para alimentos. ¿Puedes hacer que la mezcla que elaboraste se vea más real o más espantosa?

Explicación

Tu costra falsa mantiene unida la sangre de la misma forma en que lo hace una costra real. La mezcla de avena sugerida tiene la apariencia de piel muerta, podrida o enferma.

Las plaquetas intervienen en la coagulación de la sangre para sanar heridas y cortadas. Por los vasos sanguíneos se mueven millones de frágiles plaquetas. Si golpean una superficie áspera, como la parte de un vaso sanguíneo que se ha rasgado debido a una cortada, las plaquetas se parten y liberan una sustancia química que forma hilos delgados de proteína. Estos hilos, al igual que el pañuelo desechable de tu costra falsa, envuelven el área dañada y atrapan las células sanguíneas para sellar la cortada en la piel. Esta estructura no permite que los glóbulos rojos la atraviesen. Sin embargo, los glóbulos blancos sí pueden atravesarla para poder acabar con cualquier infección que pudiera entrar por tu piel.

La ciencia y el cine en acción

El tipo de mezcla de avena que utilizaste en la sección de ¡Continúa la diversión!, también sirve para lograr efectos especiales en las películas. Cuando Linda Blair "vomita" en la película El exorcista, la sustancia espesa que escupe, ¡era una mezcla de sopa de garbanzos y avena!

PROYECTO 7
¡Me dieron!

El cuchillo atraviesa lentamente la piel del héroe de la película, y la sangre fluye por donde va cortando. Tú sabes que en realidad no hay una cortada, pero entonces, ¿cómo hacen los cineastas para hacer que la "sangre" aparezca justo en el lugar correcto? Realiza la siguiente actividad para descubrir cómo se logra este efecto especial.

Materiales

cuchillo para mantequilla
sangre falsa del proyecto 5

gotero
cinta adhesiva

Procedimiento

1. Llena el gotero con sangre falsa.

2. Coloca el gotero junto a la parte plana del cuchillo para mantequilla de modo que la punta del gotero quede cerca de la del cuchillo.

3. Con cinta adhesiva, fija el gotero en ese lugar. Asegúrate de que la cinta adhesiva solamente quede en un lado del cuchillo.

4. Pon el cuchillo contra la piel del dorso de tu mano de modo que al mismo tiempo puedas tocar el bulbo del gotero. Sujeta el cuchillo de tal manera que no puedas ver el gotero.

5. Desliza el cuchillo lenta y ligeramente por tu piel. Al hacerlo, ve apretando el bulbo del gotero. ¿Qué sucede?

Explicación

Al deslizar el cuchillo por tu piel y al mismo tiempo apretar el bulbo del gotero, va saliendo una línea de sangre falsa, de modo que parece que el cuchillo te está cortando.

En esta actividad, has elaborado un objeto de utilería que en la industria del cine se conoce como "cuchillo de sangre". Se usa para crear la ilusión de que se está cortando a alguien con un cuchillo, cuando en realidad solamente se está dejando una línea de sangre de mentiras que sale de un bulbo oculto.

Los fluidos salen del bulbo debido al **principio de Pascal**. Según este principio, descubierto en el siglo XVII por el científico Blaise Pascal, si se ejerce presión sobre una parte de un fluido, la presión se transmitirá de manera uniforme por todo el fluido. Cuando aprietas el bulbo, disminuye su volumen para incrementar la presión del líquido que contiene. La presión se transmite por todo el fluido, incluyendo el que se encuentra en el tubo del gotero. Cuando la presión alcanza al fluido contenido en el tubo, lo empuja hacia fuera del tubo y lo dirige a la piel.

La ciencia y el cine en acción

Además del cuchillo de sangre, en cine y televisión también se utiliza el "chaleco detonante" para hacer que parezca que el actor está sangrando después de haber sido herido. El chaleco detonante se utiliza para simular que alguien ha sido herido. El actor o la actriz a quien se le va a disparar, se pone el chaleco detonante debajo de la ropa. En uno o más lugares del chaleco se colocan pequeños paquetes de sangre de utilería. Detrás de cada paquete de sangre hay una pequeña carga explosiva que puede accionarse electrónicamente. Cuando le disparan al actor con balas de salva, el técnico de efectos especiales hace explotar las cargas, liberando la sangre que sale por la ropa, de modo que parece que las heridas las causan las balas salidas de la pistola.

¿Sucedió realmente?

Efectos especiales

Los diseñadores de efectos especiales utilizan muchos conocimientos científicos para crear escenas que no son reales. Utilizan su conocimiento del sonido, clima, máquinas, computadoras y mucho más para hacer que lo que ves en la pantalla parezca real, ¡o incluso mejor!

Para aprender más acerca de los efectos especiales en el cine, realiza las actividades de este capítulo.

PROYECTO 1
Efectos de sonido

En cine, televisión, programas de radio y obras en vivo se utilizan efectos de sonido para hacer que las historias sean más reales. A la persona que añade estos sonidos al espectáculo se le llama **técnico de sonido**. Algunos sonidos también son grabaciones de sonidos reales; otros se producen usando ciertos métodos. Realiza la siguiente actividad para aprender cómo pueden producirse sonidos.

Materiales

papel encerado
recipiente pequeño
sal

secadora de pelo
botella de refresco vacía
garbanzos secos

charola para galletas,
   delgada y flexible
recipiente grande de plástico
ayudante

Procedimiento

1. Reúne todos los materiales y practica los sonidos aplicando las sugerencias que se presentan a continuación.

- Lluvia. Haz un cono grande con el papel encerado y sujétalo en ángulo. Coloca un recipiente debajo del cono para recoger la sal. Rocía sal desde lo alto del cono de modo que se deslice dentro.

- Olas de mar. Coloca 1/4 de taza de garbanzos secos en un recipiente grande de plástico. Menea el recipiente ligeramente de arriba hacia abajo para que los garbanzos se deslicen en el fondo de lado a lado.

- Trueno. Sostén por un extremo la charola de metal para galletas y agítala.

- Avión. Pon a funcionar la secadora de pelo a baja velocidad.

- Sirena. Sopla por encima de la botella de refresco.

2. Pídele a tu ayudante que lea la historia que se presenta a continuación mientras tú añades los efectos de sonido.

Historia: Un día en la playa

"Parecía que iba a ser un gran día en la playa. El cielo estaba soleado y no había ninguna nube alrededor. A la distancia, podía escucharse una avión [efecto de sonido de avión] que despegaba en el aeropuerto. Las olas del mar [efecto de sonido de olas del mar] invitaban a jugar con ellas. Yo jugaba con mis amigos, y no nos dimos cuenta que el clima estaba comenzando a cambiar hasta que fue demasiado tarde. Pronto, empezaron a aparecer nubes y comenzó a llover [efecto de sonido de lluvia]. Se escucharon truenos por todos lados [efecto de sonido de truenos]. Todos corrimos para guarecernos. Al acurrucarnos en nuestras toallas de playa escuchamos el ruido de una sirena a la distancia [efecto de sonido de sirena]. Todos comprendimos que nuestro día en la playa había terminado".

¡Continúa la diversión!

1. Prueba otras maneras de realizar efectos de sonido, e inventa tus propios efectos especiales.
2. Escribe tu propia historia y dale mayor realismo usando los efectos de sonido que se presentan aquí y otros más.
3. Registra y utiliza otros efectos de sonido. Por ejemplo, puedes tener el sonido de un carro que va pasando si lo grabas.
4. También puedes bajar sonidos de Internet o utilizar los sonidos incluidos en el sistema operativo de tu computadora.

Explicación

En esta actividad, tú fuiste un técnico de efectos de sonido, la persona que añade los efectos de sonido a una historia a fin de darle más realismo. El oído humano es muy bueno para distinguir los sonidos, pero algunas veces se puede engañar al cerebro con sonidos parecidos.

El **sonido** es energía que se puede escuchar. Ocurre cuando un objeto vibra y provoca que vibren las moléculas de aire que están a su alrededor. Estas **vibraciones** sonoras viajan en el aire, haciendo que todo lo que toquen vibre también.

Cuando las vibraciones sonoras llegan al oído de una persona, las estructuras sensibles que se encuentran en su interior reaccionan, haciendo que escuche el sonido. El oído se divide en tres secciones: **oído externo**, **oído medio** y **oído interno**. El oído externo está compuesto por el lóbulo externo o pabellón de la **oreja** (al que comúnmente se le llama oreja) y por el **conducto auditivo** o **canal auditivo**, que conecta y dirige las vibraciones sonoras a, las partes delicadas del oído localizadas dentro de la cabeza.

El oído medio comienza en el **tímpano**. El tímpano se mueve cuando las vibraciones sonoras chocan con él. La vibración del tímpano hace que los tres huesecillos del oído medio también se muevan. Estos huesecillos reciben los nombres de **martillo**, **yunque** y **estribo** por su forma. Debido a la forma de estos

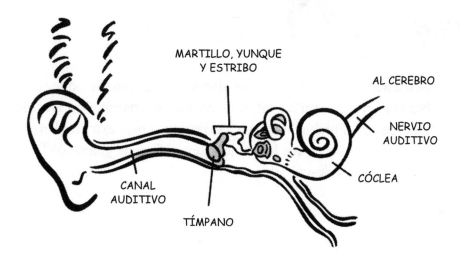

MARTILLO, YUNQUE
Y ESTRIBO

AL CEREBRO

NERVIO
AUDITIVO

CÓCLEA

CANAL
AUDITIVO

TÍMPANO

huesecillos y a su orientación, las vibraciones se **amplifican**, o se hacen más fuertes, conforme avanzan hacia el oído interno.

Las vibraciones sonoras finalmente llegan a la **cóclea** o caracol en el oído interno. El caracol es una cámara llena de un fluido que contiene células capilares especializadas que responden a las ondas sonoras de vibraciones diferentes. La información proveniente de estas células viaja a través del **nervio auditivo** hasta el cerebro, que identifica el sonido.

La ciencia y el cine en acción

Aunque muchas comedias de televisión se graban en vivo frente al público, en otras se utilizan efectos similares a los del arte de crear sonidos para darle realce al espectáculo. En ciertos momentos, añaden la "banda de risas" grabada de un público real para tratar de reforzar las partes del mismo que se supone son divertidas.

PROYECTO 2
Niebla en el pantano

El héroe de la película acaba de aterrizar en un planeta misterioso. Se pone su traje espacial y abre la puerta de la nave. Mira un paisaje amenazante oscurecido por capas de niebla espesa. La niebla hace que todo parezca más extraño. Pero, ¿qué hacen los cineastas para hacer que haya niebla en el foro de grabación? Realiza la siguiente actividad y descúbrelo.

Materiales

fuente para horno
agua tibia
animalitos de plástico
  para maqueta

hielo seco (busca en la Sección
  Amarilla)
ayudante adulto
guantes de invierno

Advertencia: ¡No toques el hielo seco con las manos descubiertas!

Procedimiento

1. Coloca la fuente para horno encima de una mesa.

2. Llena la fuente con agua tibia hasta que ésta alcance una profundidad aproximada de 1 cm (1/2 pulg).

3. Coloca los animalitos de plástico de modo que queden parados en el agua.

4. Pídele a tu ayudante adulto que se ponga los guantes de invierno y que coloque algunos trozos de hielo seco en el agua. Espera durante varios minutos y observa. ¿Qué sucede?

¡Continúa la diversión!

¡Crea una poción de científico loco! Vierte algunas gotas de colorante para alimentos en un vaso con agua. Pídele a tu ayudante adulto que añada hielo seco en el vaso y ve lo que sucede.

Precaución: No bebas el agua.

Explicación

La escena se llenará de niebla generada a partir del hielo seco.

Lo que se conoce como "hielo seco" es en realidad dióxido de carbono congelado, el mismo gas que una persona exhala al respirar. El dióxido de carbono se congela a -50 °C (-60 °F). (Por eso es importante no tocarlo con las manos descubiertas. Es tan frío que podría congelar tu piel si lo tocaras por poco más de unos cuantos segundos).

Cuando el hielo seco se coloca en el agua tibia, cambia de sólido a gas en un proceso que se llama **sublimación**. La sublimación ocurre cuando un sólido cambia directamente a gas sin pasar antes por el estado líquido. Cuando se forma el gas dióxido de carbono, sale en forma de burbujas a través del agua tibia. Las burbujas de dióxido de carbono hacen que una parte del agua tibia se convierta en vapor de agua frío, el cual sube a la superficie del agua en forma de niebla. Este proceso se parece al fenómeno que sucede cuando se exhala aire tibio en un día frío.

PROYECTO 3
Una mañana helada en julio

Te encuentras haciendo un programa de televisión acerca de la Navidad, ¡pero estás grabando en julio! ¿Qué haces para que parezca que afuera está haciendo frío? Ya tienes un poco de nieve de utilería cayendo por los alrededores, pero para completar la escena deseas que haya escarcha en las ventanas. Realiza la siguiente actividad para descubrir una forma de lograrlo.

Materiales

sales de Epsom
(se compra en la farmacia)
pliego de cartoncillo de un
color oscuro
agua caliente
una taza

una cucharita de té
pincel
trozo de vidrio plano
(puedes tomarlo prestado
del marco de una fotografía,
¡pero primero pide permiso!)

Procedimiento

1. Pon algunos granos de sales de Epsom sobre el cartoncillo y obsérvalos detenidamente. ¿Qué parecen?

2. Vierte media taza de agua caliente en la taza.

3. Añade una cucharadita de sales de Epsom en el agua y revuelve hasta que se disuelvan. Sigue añadiendo cucharaditas de sales de Epsom de una a la vez hasta que ya no se disuelvan más y comience a formarse una capa de sales en el fondo de la taza.

4. Moja el pincel en la mitad superior de la solución de sales de Epsom y pinta una capa de la solución alrededor de los bordes de la pieza de vidrio.

5. Espera a que la solución se seque. ¿Qué apariencia tiene el vidrio? ¿Cómo se comparan los cristales que se han formado sobre el vidrio con la forma que tenían los granos de tomaste primero de la caja de sales?

Explicación

Conforme la solución se va secando en el vidrio, el agua se evapora y los cristales de sales de Epsom permanecen adheridos al vidrio. Parecerá que se ha juntado escarcha en él.

Los **cristales** son una forma regular que tienen algunos sólidos. Los cristales pueden tener forma de cubo, rombo o incluso formas más complejas. Los cristales de sales de Epsom tienen forma de rombo. Cuando el vapor de agua en el aire se condensa y se congela en una ventana fría, crea escarcha, o cristales de hielo. La ventaja que brinda utilizar sustancias químicas en lugar de agua para formar cristales en la ventana, ¡es que las sales de Epsom no se derretirán en julio!

PROYECTO 4
Tablero de clavos

"¡Atrapen a esa mujer!", grita una voz. Los detectives corren desesperados por el pasillo sin perder de vista a su presa un solo instante. Casi la alcanzan cuando desaparece detrás de las puertas de un elevador. Los detectives levantan la mirada y con impotencia miran como avanzan las luces que señalan el descenso del elevador; la sospechosa se ha ido. Pero, ¿en realidad está bajando el elevador? Realiza la siguiente actividad y descúbrelo.

Materiales

una serie usada de luces navideñas (pídele permiso a un adulto para utilizarlas
   porque deberás cortarlas para esta actividad)
cortaalambres
4 clavos pequeños
martillo
una tabla de madera de 5 × 10 × 15 cm (2 × 4 × 6 pulg)
dos pilas tamaño D
cinta aislante
ayudante adulto

Procedimiento

1. Con el martillo, clava en línea los clavos, sin introducirlos totalmente, en uno de los lados de la tabla. Debe haber una separación aproximada de 2.5 cm (1 pulg) entre clavo y clavo.

2. Verifica que la serie de luces navideñas *¡no esté conectada!* Con las pinzas para cortar alambre, corta a la mitad el alambre entre seis de los foquitos del extremo contrario a la clavija. Al final, deberás tener cinco foquitos con dos alambres saliendo de cada uno de ellos.

3. Pídele a tu ayudante adulto que con las pinzas quite 1 cm (1/2 pulg) de la cubierta de plástico de los extremos de cada tramo de alambre.

4. Con las pinzas, corta una pieza de 25 cm (10 pulg) del alambre del extremo de la clavija de la serie de luces navideñas. Pídele a tu ayudante adulto que quite un poco de la cubierta de plástico de los extremos de esta pieza, tal como lo hizo en el paso 3.

5. Con la cinta para aislar, fija perfectamente en un clavo el extremo de uno de los alambres que salen de cada foquito.

6. Toma los otros alambres que salen de cada foquito y enróllalos juntos. Con la cinta para aislar, pega este conjunto de alambres en el extremo superior de una de las pilas. Con la cinta para aislar, pega la segunda pila en la primera, de modo que la parte alta de la segunda toque la parte inferior de la primera.

7. Con cinta aislante, pega un extremo del alambre largo a la parte inferior de la segunda pila.

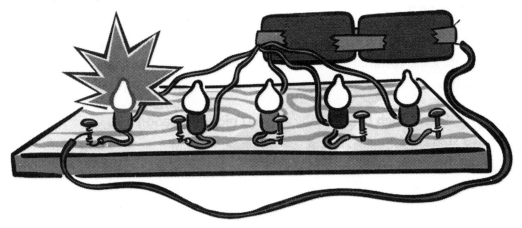

8. Haz que el otro extremo del alambre largo toque la parte superior de uno de los clavos. ¿Qué sucede?

9. Con el alambre largo, toca la parte alta de cada uno de los clavos, uno después del otro en línea. ¿Qué sucede?

Explicación

Cuando tocas la parte de arriba de un clavo con el alambre largo, se encenderá una luz. Cuando pasas el alambre de uno a otro clavo, se encenderá la luz conectada al clavo que estés tocando.

En esta actividad creaste un instrumento llamado tablero de clavos. Algunas veces, para la filmación de una película se crea una parte del escenario que parece un elevador. La actriz entra en el elevador, la puerta se cierra, pero el elevador no va a ninguna parte. En vez de ello, con un instrumento similar al tablero de clavos, las luces se encienden en secuencia para hacer que los espectadores piensen que el elevador está bajando.

La ciencia y el cine en acción

Además de prender las luces en secuencia, un tablero de clavos también se puede utilizar para encender cargas explosivas. Tal vez hayas visto una película en la que un avión dispara una ráfaga de tiros a alguien que va corriendo en tierra. Las balas parecen golpear en línea justo a un lado del héroe de la película, apenas errando el tiro.

Para lograr este efecto, los diseñadores de efectos especiales entierran una serie de pequeñas cargas explosivas conectadas en línea. Después, utilizan una señal eléctrica para hacer estallar las cargas. Cuando el héroe de la película corre junto a las cargas enterradas, un técnico de efectos especiales toca con un alambre las cabezas de los clavos y explota las cargas. Las cargas hacen saltar un puñado de polvo justo en el punto correcto para hacer creer que las balas cayeron allí.

PROYECTO 5
Un rayo que cae

Conforme la lluvia comienza a arreciar más y más, los niños entran en la casa riendo y chorreando agua. Por la ventana, observan la luz zigzagueante de un rayo. Momentos más tarde, se escucha el estruendo de un trueno y todos gritan. Los cineastas simplemente no pueden esperar a que haya una tormenta. Entonces, ¿qué hacen para que parezca que afuera cae un rayo? Realiza la siguiente actividad para aprender cómo crear un rayo.

Materiales

toalla de papel
hojuelas de cereal de arroz

globo
suéter de lana

Procedimiento

1. Coloca la toalla de papel en la mesa.

2. Coloca el cereal sobre la toalla de papel.

3. Infla el globo y anuda su extremo.

4. Frota el globo varias veces contra el suéter de lana.

5. Acerca el globo al cereal. Observa qué sucede.

¡Continúa la diversión!

Con los zapatos puestos, frota tus pies en la alfombra de la casa. Avanza hacia la puerta. Toca la perilla de la puerta con tu dedo índice. ¿Qué sucede? Realiza esta actividad en diferentes días con condiciones climáticas distintas (soleado, caluroso y seco, frío y seco, etc.). ¿Funciona este experimento mejor en algún tipo de clima que en otro? Realiza el experimento en la oscuridad para ver la acción chispeante que pasa de tus dedos a la perilla.

Explicación

El cereal brincará y se adherirá al globo. En ¡Continúa la diversión!, una chispa eléctrica saltará de tu mano hacia la perilla de la puerta, y tú recibirás un pequeño toque.

Tanto en la actividad original como en la sugerida en ¡Continúa la diversión!, se utiliza la **electricidad estática**, que es electricidad que no fluye. La electricidad estática se forma con la fricción, la cual ocurre cuando dos objetos, como la lana y el globo, se frotan uno contra otro. Todos los objetos están hechos de átomos, y cada átomo tiene un número igual de protones y electrones. Los **protones** tienen una carga positiva, y los **electrones** tienen una carga negativa. Cuando estas cargas son iguales, se dice que el objeto es neutro o que no tiene carga. Sin embargo, algunos objetos, como la lana o el cabello, pierden electrones con facilidad. Al frotar el globo con la lana, algunos electrones pasan de la lana al globo. Entonces el globo tiene una carga estática negativa.

Al acercar el globo con carga negativa al cereal tostado, el globo con carga negativa repele los electrones de cada pieza de cereal. Los electrones pasan al lado opuesto del cereal y esto le da una carga estática positiva al lado del cereal

71

que queda más cerca del globo. El extremo con carga positiva de cada pieza de cereal es atraído por el globo de carga negativa. El cereal es tan ligero que la fuerza de atracción es suficiente para levantarlos hacia el globo.

El rayo es una de las formas de la electricidad estática más espectaculares de la naturaleza. El rayo es simplemente una chispa enorme causada por grandes cantidades de electricidad estática. Los electrones que se juntan en ciertos tipos de nubes, llamadas nubes de tormenta, conforme van avanzando por el aire y les dan una carga negativa. Cuando la carga eléctrica de estas nubes es lo suficientemente grande, una chispa eléctrica viaja desde la nube hacia la Tierra de carga positiva.

Conforme la chispa del rayo viaja a través del aire, lo calienta y provoca que éste se expanda rápidamente. Cuando este aire expandido regresa después de que pasó la chispa, el sonido que hace es el trueno que escuchas.

Hay muchas maneras de crear rayos falsos en los foros de cine. Con sólo apagar y prender las luces se puede crear el efecto de un rayo. Otros métodos son utilizar generadores de chispas capaces de crear grandes chispazos estáticos, añadir a una escena rayos creados por computadora o mezclar la escena con un rayo real en la película.

PROYECTO 6
¡Remolino!

El cielo se torna cada vez más negro. Nuestros héroes entran en sus camiones y se dirigen a toda velocidad al corazón de la tormenta. De pronto, en el horizonte ven un tornado gigante que gira y se dirige hacia ellos. Los tornados reales son raros y muy peligroso. Entonces, ¿cómo crean los cineastas un tornado para sus películas? Realiza la siguiente actividad y descúbrelo.

Materiales

2 botellas de refresco de 2
  litros (1/2 galón), vacías
  y limpias
agua de la llave

una arandela de metal
  de 2.5 cm (1 pulg)
cinta canela o cinta aislante

Procedimiento

1. Llena una de las botellas con agua a dos tercios de su capacidad.

2. Coloca la arandela de metal sobre la abertura de la botella.

3. Voltea al revés la segunda botella y colócala sobre la arandela.

4. Con cinta, pega las dos botellas y la arandela juntas. Utiliza varias capas de cinta para asegurar que no haya derrames de agua cuando voltees las botellas.

5. Invierte las botellas de modo que la que contiene el agua quede arriba.

6. Haz un sonido de viento. Sostén las botellas firmemente y agítalas con rapidez formando un círculo pequeño. Después detente y observa qué sucede.

Explicación

Al darle vueltas a las botellas, el agua girará en un círculo. Conforme baje el agua de la botella de arriba a la botella de abajo verás que forma un remolino. Incluso cuando dejes de darle vueltas a las botellas, el agua continuará girando.

En esta actividad intervienen dos fuerzas. (Una **fuerza** es una acción que empuja o jala). Una de las fuerzas es la **gravedad,** la fuerza de atracción entre todos los objetos. La gravedad jala todos los objetos hacia la Tierra, incluyendo el agua. La gravedad jala el agua de la botella de arriba hacia la botella de abajo. El aire contenido en la botella de abajo también ejerce una fuerza. Cuando inviertes la botella por primera vez, una parte del agua de la botella de arriba fluye hacia la botella de abajo pero después se detiene. La fuerza o presión del aire de la botella de abajo detiene el flujo de agua.

Cuando formas un remolino con las botellas al darles vueltas, se forma un pequeño tornado. En el centro del tornado de agua hay un hoyo. El hoyo corre desde la parte alta del agua hasta la abertura entre las dos botellas. El hoyo permite que el aire proveniente de la botella de abajo escape hacia la botella de arriba. Conforme el aire escapa de la botella de abajo, se iguala la presión del aire en las dos botellas. Entonces, la gravedad es la única fuerza que actúa sobre el agua, de modo que el agua fluye hacia la botella de abajo.

Cuando el agua está en la botella de arriba, tiene energía potencial. La **energía potencial** es energía almacenada para usarse posteriormente. Cuando formas círculos con las botellas, le das movimiento al agua, o energía cinética. La **energía cinética** es energía que está siendo utilizada. Conforme el agua desciende en remolino de la botella de arriba a la botella de abajo, cambia su energía potencial en energía cinética. El movimiento del agua que baja de la botella de arriba a la botella de abajo contribuye a que el agua siga girando en el efecto tornado.

La ciencia y el cine en acción

Cuando se hizo la película Tornado, tuvieron que generar torbellinos. En lugar de utilizar agua, los crearon con vapor de agua y ventiladores. Conforme subía el vapor de agua, los ventiladores colocados arriba hacían que girara, creando así el efecto tornado.

PROYECTO 7
Imágenes por computadora

El uso de las computadoras ha facilitado la producción de películas. Con una computadora se pueden añadir atractivos como edificios futuristas o monstruos horribles a una película. También se pueden alterar las imágenes e incluso quitar partes de una escena. Realiza la siguiente actividad para que sepas cómo pueden ayudar las computadoras a los cineastas.

Materiales

computadora   conexión a la Internet (opcional)

programa de dibujo en computadora

Nota: Las instrucciones de operación específicas para cada programa de pintura o dibujo pueden ser diferentes a las que se presentan aquí.

Procedimiento

1. De la Internet o de tu unidad de disco duro, copia un archivo de imagen de una persona.

2. Abre una página en blanco y pega la imagen del programa de dibujo.

3. Altera la imagen utilizando distintas herramientas del programa de dibujo. Por ejemplo, cambia su tamaño arrastrando las manijas de tamaño de la esquina; con la goma, borra el fondo de la imagen y deja sólo a la persona; cambia el color de sus ojos, o añade anteojos o bigote con la herramienta de dibujo.

4. Dibuja tu propia escena de fondo para la imagen y coloréala.

5. Ensaya otras formas de alterar la imagen. Coloca la imagen horizontalmente, después acomódala en forma vertical.

6. Prueba otros programas de computadora, como el *Kai Goo*, para alterar la imagen al distorsionarla o alargarla en formas distintas.

Explicación

Deberás ser capaz de alterar con facilidad la imagen en muchas formas diferentes.

Las computadoras han facilitado la elaboración de películas. Cuando George Lucas hizo la película original de *La guerra de las galaxias*, revolucionó la

L as personas piensan que la películas animadas y de ciencia ficción tienen muchos efectos especiales por computadora, pero la película Corazón valiente tuvo más efectos por computadora que cualquier otra película de 1996. Las computadoras no se utilizaron para añadir efectos sino para quitar cosas. Con ellas, se quitó todo aquello que le diera a la película una apariencia moderna. Borraron las estelas de aviones en el cielo, los cables de electricidad o de teléfono a la distancia, ¡e incluso un centro comercial que estaba cerca de una escena de batalla!

La ciencia y el cine en acción

industria del cine al utilizar computadoras para agregar efectos visuales como rayos de espadas de luz y disparos de misiles desde naves espaciales en combate. Su compañía *Industrial Light and Magic* sigue haciendo efectos especiales por computadora para muchas películas.

PROYECTO 8
Mano mecánica

En la película *Cazafantasmas*, dos "perros diabólicos" enormes y de apariencia espeluznante cobran vida en lo alto de un edificio de departamentos. ¿Cómo logran los cineastas que estos perros y otros modelos con apariencia real se muevan en formas que hacen que parezcan de verdad? Realiza la siguiente actividad y descúbrelo.

Materiales

tijeras
regla
pieza de cartón de 21 1/2 × 28 cm
   (8 1/2 × 11 pulg)

gancho de alambre para ropa
pinzas para alambre
2 clips para papel
bola de plastilina del tamaño de una nuez

clavo   ayudante adulto

2 broches pequeños de dos patitas

Procedimiento

1. Coloca tu mano extendida sobre la mesa de modo que la palma quede hacia abajo. Observa cuidadosamente tu mano conforme flexionas tu dedo índice y lo mueves hacia tu mano.

2. Corta tres pedazos de cartón, cada uno de 28 × 5 cm (11 × 2 pulg).

3. Con el clavo, haz un orificio pequeño en cada extremos de cada pieza de cartón. Centra los orificios aproximadamente a 2.5 cm (1 pulg) del extremo.

4. Alinea las piezas de cartón tal como se indica en el diagrama. El primer orificio de la segunda pieza debe cubrir el segundo orificio de la primera pieza, y el primer orificio de la tercera pieza debe cubrir el segundo orificio de la segunda pieza.

5. Inserta un broche de dos patitas en cada par de orificios superpuestos atravesando ambas piezas de cartón. Dobla las patitas del broche para unir las piezas de cartón. No deberás apretar mucho el broche pues si lo haces no podrás mover las piezas de cartón.

6. Pídele a tu ayudante adulto que desdoble y enderece el gancho de alambre para ropa. Con las pinzas, deberá hacer un doblez en uno de los extremos del alambre.

7. Inserta el doblez del alambre en el segundo orificio de la tercera pieza de cartón tal como se muestra.

8. Prueba el movimiento del dedo de cartón sosteniendo con una mano su extremo opuesto mientras que con la otra mueves el alambre. Ajusta las uniones hasta que el dedo se mueva libremente.

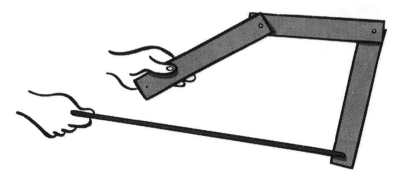

9. Con el alambre mueve el dedo. Intenta moverlo de la misma manera que tú moviste tu dedo en el paso 1. ¿Puedes hacerlo? ¿Qué problemas tuviste?

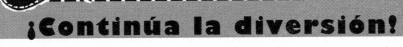

¡Continúa la diversión!

Intenta hacer otra máquina que pueda imitar otra parte de tu cuerpo.

Explicación

El dedo de cartón tendrá movimientos similares a la flexión de un dedo real.

El dedo de cartón que fabricaste es una **máquina simple** (un instrumento que ayuda a las personas a realizar un trabajo con mayor facilidad) llamada palanca. Una **palanca** se fabrica con una tabla o barra rígida apoyada en un punto fijo llamado **fulcro** o punto de apoyo. En realidad, el dedo de cartón es una serie de palancas. Las piezas de cartón son las tablas rígidas y los broches de patitas son los puntos de apoyo. Las palancas permiten levantar cargas pesadas con mayor facilidad debido a que aumentan la fuerza ejercida; en otras palabras, convierten una fuerza pequeña en una fuerza más grande. Cuando jalas un poquito el alambre, creas un movimiento grande del dedo mecánico. Las palancas también pueden aumentar la distancia.

La ciencia y el cine en acción

Los enormes perros diabólicos que cobran vida en la película Cazafantasmas contenían varias máquinas simples mecánicas y electrónicas que hacían que sus movimientos parecieran reales. Algunos instrumentos se operaron por control remoto, mientras que otros fueron accionados por un titiritero que estaba dentro del perro. ¡Se necesitaron hasta diez técnicos para operar un solo perro diabólico!

PROYECTO 9
El más fuerte del mundo

El gorila gigante está parado muy quietecito. Cuando abre lentamente su mano, observas a una mujer parada en la palma de su mano. En realidad, ningún gorila es tan grande, entonces, ¿cómo hacen para que parezca que hay una mujer en su mano? Realiza la siguiente actividad para aprender una manera de lograrlo.

Materiales

escaleras exteriores   2 ayudantes

Procedimiento

1. Pídele a tu amigo, el ayudante 1, que suba las escaleras de modo que sus pies queden al nivel de la cintura de tu amiga, la ayudante 2.

2. A tu ayudante 2, dile que se coloque aproximadamente a 2 m (2 yardas) de tu ayudante 1.

3. Colócate de frente a tus ayudantes, aproximadamente a 5 m (5 yardas) de distancia de tu ayudante 2.

4. Dile a tu amigo que se pare con los pies juntos.

5. Pídele a tu amiga que levante uno de sus brazos a un lado de su cuerpo con la palma de la mano hacia arriba.

6. Haz que tus ayudantes se muevan hasta que la palma de la mano de la ayudante 2 quede directamente debajo de los pies del ayudante 1. ¿Qué logras ver con este efecto?

¡Continúa la diversión!

Pídele a tus ayudantes que agreguen acción al experimento sin estropear el efecto. Por ejemplo, la ayudante 2 podría mirar como si estuviera esforzándose por cargar una carga muy pesada, o el ayudante 1 puede colocarse en cuclillas. ¿Cómo contribuyen estas acciones al efecto?

Explicación

En el efecto, debe parecer como si tu ayudante 1 estuviera parado en la palma de la mano de la ayudante 2.

Este efecto se logra debido a la forma en que los ojos aprecian las distancias. Aunque cada uno de los ojos proporciona una vista ligeramente diferente de la escena, la diferencia entre las dos vistas disminuye cada vez más conforme se incrementa la distancia con respecto a los objetos. A medida que aumenta la distancia con respecto a un objeto, el cerebro comienza a usar la diferencia de tamaño de los objetos para ayudar a decidir cuál está más cerca y cuál está en el fondo.

Este efecto también se crea porque lo que una persona ve enfrente de ella es en realidad una combinación de varias imágenes que viajan del ojo al cerebro. Una persona mueve los ojos de tres a cinco veces por segundo y observa áreas diferentes ubicadas enfrente de ella, creando así imágenes diferentes de lo que allí se encuentra. Tú recuerdas los objetos que acabas de ver y el cerebro combina las diferentes imágenes en una sola.

En este efecto, tu cerebro une las partes separadas y asume que ambas figuras están a la misma distancia. Entonces, tu cerebro interpreta que en la escena hay una mujer muy fuerte que sostiene a un hombre en la palma de su mano.

PROYECTO 10
En cámara lenta

Supermán vuela por el cielo en un abrir y cerrar de ojos, ¡más rápido que una bala! Y salva a Luisa Lane en su caída desde una ventana muy alta. ¿Cómo pueden los cineastas hacer que parezca que las cosas se mueven más rápido o más lento de lo normal? Realiza la siguiente actividad y descúbrelo.

Materiales

dos carretes de hilo del mismo
   tamaño y otro más grande
una tabla de madera
tres clavos

martillo
ligas
ayudante adulto

Procedimiento

1. Con el martillo, clava parcialmente los clavos en la tabla de madera. Coloca cada uno de los dos carretes de hilo del mismo tamaño en uno de los clavos, tal como se muestra en la figura. Pon una liga alrededor de los carretes.

2. Haz girar uno de los carretes. ¿Qué sucede? Si le das una vuelta completa al carrete, ¿qué tanto gira el otro carrete? ¿En qué dirección gira con respecto al primer carrete?

3. Quita la liga de uno de los carretes, tuércela una vez y colócala de nuevo en el carrete. ¡Qué sucede esta vez? Si le das al carrete una vuelta completa, ¿qué tanto gira el otro carrete? ¿En qué dirección gira en relación con el primer carrete?

4. Reemplaza uno de los carretes por el carrete más grande y repite los pasos 1 y 2. Primero gira el carrete pequeño y después el grande. ¿Qué sucede?

5. Clava otro clavo en la tabla para el tercer carrete. Experimenta con tres carretes y más ligas. ¿Qué descubriste?

Explicación

Cuando giras uno de los carretes de igual tamaño, como en el paso 1, el segundo carrete gira en igual proporción y sentido. Cuando torciste la liga, el carrete siguió girando en la misma proporción, pero el segundo carrete giró en sentido opuesto al primero. Cuando usaste el carrete más grande y giraste el carrete más pequeño, el grande giró menos que el pequeño. Si giras el carrete grande, el pequeño gira más.

En esta actividad, creaste un sistema de banda con ruedas. Un sistema de banda con ruedas se puede utilizar para transferir movimiento circular o giratorio de una rueda a otra. Al hacerlo, el sistema puede cambiar la dirección o sentido de la fuerza aplicada, la magnitud de la fuerza o la velocidad de la fuerza.

Cuando dos ruedas del mismo tamaño están conectadas directamente a una banda, el movimiento giratorio de una de ellas hará que la otra gire también. Si las dos ruedas son del mismo tamaño girarán en la misma proporción en cada vuelta. Esto significa que giran a la misma velocidad. Si la banda entre las dos está torcida, la segunda rueda girará en el sentido opuesto.

Sin embargo, si las ruedas son de tamaño diferente, la proporción en la que giren será diferente. En un periodo determinado, la rueda más pequeña habrá girado menos veces que la rueda grande. La rueda más pequeña girará más rápido y la rueda más grande girará con más lentitud. De esta manera, se pueden utilizar ruedas y bandas para cambiar la velocidad del movimiento.

Los sistemas de ruedas con ejes, bandas, engranajes y poleas dan movimiento a la película en la cámara y el proyector. Las ruedas de diferentes tamaños le dan movimiento más rápido o más lento a la película en la cámara y el proyector. De esta manera los cineastas logran que Supermán se mueva a una velocidad dos veces más rápido que lo normal. El editor de la película combina una película acelerada del vuelo de Supermán con escenas de fondo filmadas a una velocidad normal.

Auxiliares de la cámara

Luz y color

Además de conocer las materias científicas que ya investigaste en los capítulos anteriores, un cineasta debe tener conocimientos de óptica. La **óptica** es el estudio de la luz y su comportamiento, incluyendo los colores, así como la reflexión y refracción.

Por lo común, cuando una persona piensa en la luz, se la imagina blanca. Pero la luz blanca es en realidad luz de muchos colores. El científico inglés Isaac Newton fue uno de los primeros en investigarla. Newton pasó un rayo delgado de luz a través de un **prisma** (un objeto transparente que desvía la luz), se sorprendió al descubrir que cuando la luz sale del prisma ya no es blanca sino que se separa en los colores que la componen: rojo, anaranjado, amarillo, verde, azul, índigo y violeta. Este fue el primer paso para descubrir cómo y por qué vemos los colores.

Realiza las actividades propuestas en este capítulo para aprender más acerca de cómo el conocimiento de las propiedades de la luz y el color puede ayudar a los cineastas.

PROYECTO 1
Puesta de sol

El rostro de la heroína de la película tiene un brillo dorado mientras observa al vaquero que se aleja hacia la puesta de sol. Un fragmento de la luz anaranjada del sol es reflejada por la única lágrima que corre por el rostro de ella. ¿Acaso los cineastas esperan a que haya la iluminación natural perfecta para grabar? ¿O quizá existe una manera de reproducir la vista de una puesta de sol? Realiza la siguiente actividad y descúbrelo.

Materiales

un frasco grande de vidrio
agua
lámpara de mano

leche
cuchara de té

Procedimiento

1. Llena el frasco con agua hasta tres cuartos de su capacidad.

2. Enciende la lámpara de bolsillo e ilumina el agua por el lado izquierdo del frasco. Mira el rayo de luz desde ambos lados del frasco, el que queda frente a ti y el del lado opuesto a la luz (el derecho). ¿Qué observas en el color de la luz en cada caso?

3. Vierte una cucharadita de leche en el agua y mezcla ambas sustancias con la cuchara.

4. Enciende la lámpara de bolsillo e ilumina la mezcla por el lado izquierdo del frasco. Nuevamente, observa el rayo de luz desde ambos lados, el que queda enfrente de ti y el lado opuesto a la luz (el derecho). ¿Qué observas esta vez en el color de la luz en cada caso?

Explicación

Cuando observas la luz que brilla a través del agua simple, verás que es blanca en los dos lados. Pero cuando le añades leche al agua, la luz se verá azul desde el lado de enfrente, y de color amarillo-naranja desde el lado opuesto a la luz.

Esta actividad muestra qué le sucede a la luz solar cuando viaja a través de la atmósfera (el aire que rodea a la Tierra). La luz solar es luz blanca formada por todos los colores del **espectro** —rojo, anaranjado, amarillo, verde, azul, índigo y violeta—. Cuando la luz solar viaja a través de la atmósfera, choca contra moléculas de gas y partículas de polvo, similares a las partículas de leche presentes en el agua del experimento. La mayoría de estas partículas afecta la luz azul del espectro, por lo que ésta se dispersa o refleja en el cielo, igual que como sucedió con en la solución de leche. Cuando esta luz azul dispersa llega a tus ojos, ves el cielo de color azul durante el día. Por esta misma razón la solución de leche se ve ligeramente azul cuando la miras desde el lado del frasco que está frente a ti. Cuando la luz del sol está desapareciendo por el horizonte, o después de pasar por la solución de leche, está viajando por la atmósfera, y la mayor parte de su color azul se ha dispersado, quedando principalmente los colores anaranjado y amarillo. De la misma manera, la luz blanca que ha atravesado las partículas de leche, ha dispersado su luz azul, por lo que ves una luz rojo-naranja a través del extremo opuesto a la luz.

Para reproducir la iluminación de una puesta de sol, los cineastas colocan filtros rojos y amarillos (llamados gel) en las luces del foro.

PROYECTO 2
¿Qué hay allí en realidad?

La gente del pueblo persigue al vampiro por las montañas. Lo alcanzan y lo atrapan frente a una roca escarpada. De pronto, cuando iluminan con sus antorchas el rostro del vampiro, éste jala su capa para cubrir sus ojos, ¡y desaparece! Realiza la siguiente actividad para simular un método utilizado en las películas para hacer que parezca que las cosas desaparecen.

Materiales

silla

espejo de mano de 10 × 15 cm
   (4 × 6 pulg)

pared blanca

ayudante

Procedimiento

1. Pídele a tu ayudante que se siente en la silla junto a la pared blanca de modo que su costado izquierdo quede aproximadamente a 30 cm (1 pie) de la pared. Pídele que permanezca muy quieto.

2. Párate aproximadamente a 1 m (3 pies) frente a tu ayudante.

3. Sostén la parte baja del espejo con tu mano izquierda y coloca el borde del espejo pegado a tu nariz, de modo que la superficie reflejante del espejo quede de costado formando un ángulo de 45° con la pared blanca.

4. Con el borde del espejo junto a tu nariz, hazlo girar hasta que puedas ver con tu ojo derecho justo el reflejo de la pared blanca mientras que con el ojo izquierdo mires la cara de tu ayudante.

5. Mueve tu mano derecha frente a la pared blanca, como si estuvieras limpiando su superficie con un trapo. Sigue mirando a la pared y a tu ayudante al mismo tiempo. ¿Qué le pasa a la cara de tu ayudante?

¡Continúa la diversión!

Prueba esta actividad al revés, de modo que mires con el ojo izquierdo al espejo y con el derecho a tu ayudante. ¿Sucede algo diferente con respecto al experimento original?

Explicación

Al principio, cuando ajustas el espejo, verás a tu ayudante y también a tu mano en movimiento. Sin embargo, después de poco tiempo, comenzará a desaparecer la cara de tu amigo y sólo verás tu mano moviéndose.

Normalmente, tus dos ojos ven imágenes apenas un poco diferentes de lo que esté frente a ti. Sin embargo, si sostienes el espejo como lo hiciste, ves dos imágenes muy diferentes. Con el ojo izquierdo ves a tu ayudante, mientras que con el ojo derecho ves el reflejo de tu mano moviéndose frente a la pared blanca. Tu cerebro trata de unir estas imágenes para formar una sola imagen. Al principio, tu cerebro combina partes de las dos imágenes. Sin embargo, tu cerebro es muy sensible al movimiento. Dado que lo que ve tu ojo izquierdo (a tu ayudante) no está en movimiento, tu cerebro resalta el movimiento que ve el ojo derecho, por lo que comenzarán a desaparecer partes de la cara de tu ayudante. Nadie sabe con exactitud por qué algunas veces se siguen viendo algunas partes de la cara.

Es importante observar que esta actividad no funciona igual para todos. Debido a que un ojo es dominante sobre el otro, el experimento invertido, tal como se sugiere en *¡Continúa la diversión!*, podría funcionar mejor. Pero con algunas personas, está actividad nunca funcionará.

uando se quiere lograr este efecto en el cine, el director filmará dos escenas, similares a las dos imágenes diferentes que observaste en esta actividad. Después, las junta con una computadora. Al pasar lentamente de una escena a otra, se puede lograr que un objeto aparezca y desaparezca. Por ejemplo, en la escena del vampiro mencionada al inicio del proyecto, el cineasta toma la misma escena con y sin el vampiro. Después, las encima y gradualmente pasa de la escena en la que está el vampiro a la escena sin él. ¡El vampiro ha desaparecido!

PROYECTO 3
Imágenes fantasmales

Cuando el niño entra en la casa desierta, vienen a su mente los rumores que corren acerca del vampiro que habita en ella. Con miedo, camina de puntitas hacia el vestíbulo y enciende la luz. A su derecha escucha un sonido suave y provocador. Voltea y observa su propio reflejo en la ventana. De repente, ve otra imagen junto a él en el reflejo. ¡Es un fantasma! ¿O no? Realiza la siguiente actividad y descúbrelo.

Materiales

ventana de tu casa

lámpara en el techo

lámpara de mano

ayudante

Nota: Esta actividad deberá realizarse en la noche.

Procedimiento

1. Pídele a tu ayudante que se enfrente de tu casa, a 1.5 m (5 pies) de una ventana, mirando hacia adentro. Debe llevar la lámpara de mano. La ventana deberá estar cerrada y las cortinas abiertas.

2. Apaga la luz del techo. Pídele a tu ayudante que encienda la lámpara de mano y que ilumine con ella su cara. Párate aproximadamente a 2 m (6 pies) de la ventana y mira hacia fuera. ¿Qué es lo que ves?

3. A continuación, enciende la luz de la casa y pídele a tu ayudante que apague la lámpara de mano. Vuelve a mirar hacia afuera por la ventana. ¿Qué ves ahora?

4. Por último, enciende la luz de la casa. Mira por la ventana. Pídele a tu ayudante que encienda la lámpara ¿Qué sucede?

Explicación

Cuando la luz de la casa está apagada y hay un objeto luminoso afuera, puedes ver ese objeto. Sin embargo, cuando la luz dentro de la casa está encendida y no hay luces afuera, la ventana funciona como un espejo y sólo ves tu reflejo y nada de afuera. Si se enciende la luz de afuera mientras está encendida la luz interior, entonces verás ambas imágenes, una encima de la otra.

La luz puede hacer varias cosas cuando choca con un objeto. Dos cosas que puede hacer son reflejarse (rebotar al chocar con el objeto) o transmitirse (atravesar el objeto). Cuando la luz dentro de la casa está apagada, la luz reflejada en la cara de tu ayudante se transmitirá a través del vidrio de la ventana y verás a tu ayudante afuera. Cuando la luz de la casa está encendida y no hay luz afuera, la luz del interior será reflejada por la superficie del vidrio de la ventana y verás una imagen de lo que hay adentro y nada afuera. Pero cuando las luces están encendidas adentro y también afuera, se combinan la imagen reflejada y la imagen transmitida, creando el efecto de una imagen fantasmal.

PROYECTO 4
¡Más imágenes fantasmales!

"Espejito, espejito, ¿dime quién es la más hermosa de todas?", pregunta la malvada reina. Pero cuando ella se mira en el espejo, su imagen es reemplazada por la de Blanca Nieves. ¿Cómo puede lograrse esto en una película? Realiza la siguiente actividad para conocer una de las maneras de lograrlo.

Materiales

un vidrio para ventana de 30 cm (1 pie) por lado

un cuadrado de película reflejante de mylar aluminizado de 30 cm (1 pie) por lado
(lo venden en ferreterías)

cinta aislante o cinta canela

2 piezas de madera de 5 × 10 × 30 cm (2 × 4 × 12 pulg)

ligas grandes

2 lámparas de cuello de ganso para escritorio

2 interruptores con atenuadores (para conectar las lámparas)

ayudante adulto

Procedimiento

1. Pídele a tu ayudante adulto que coloque la película reflejante en uno de los lados del vidrio siguiendo las instrucciones del paquete de la película.

2. Después debe cubrir los bordes del vidrio con cinta canela para evitar que te cortes con algún borde filoso.

3. Coloca las piezas de madera en la parte baja del vidrio y fija una de cada lado con las ligas. Tendrás un espejo.

4. Para el espejo en el centro de una mesa.

5. Coloca las lámparas de escritorio sobre la mesa, cerca del vidrio y apuntando hacia afuera en direcciones opuestas.

6. Conecta cada lámpara en uno de los interruptores y conéctalos en una salida de pared.

7. Siéntate enfrente de tu ayudante adulto de modo que el espejo quede en medio de ustedes. Cada uno debe estar a la misma distancia del espejo.

8. Atenúa las luces del cuarto. Debes poder ver en el espejo la cara de tu ayudante y la tuya propia.

9. Pongan en línea sus caras de modo que tu nariz y ojos queden aproximadamente en el mismo sitio que los de tu ayudante.

10. Enciende las dos lámparas de modo que la luz quede muy tenue. Una de las lámparas deberá apuntar hacia tu cara y la otra a la cara de tu ayudante.

11. Gira el atenuador del interruptor de modo que tu lámpara tenga más luz que la de tu ayudante. Cambien después; tu lámpara deberá tener una luz tenue y la de tu ayudante una luz más brillante. ¿Qué pasa?

Explicación

Cuando la luz de tu lado del espejo es más brillante, desaparecerá la cara de tu ayudante y sólo será visible tu cara. Cuando la luz de tu lado sea más tenue y la de tu ayudante sea más brillante, tu cara desaparecerá lentamente y la cara de tu ayudante se hará visible.

Al añadirle más película de mylar al vidrio, haces un espejo bidireccional. El espejo refleja casi la mitad de la luz que llega a él y transmite, o deja pasar, el resto de la luz. Si tu luz es más brillante, la cantidad de luz que refleja tu cara es mayor que la cantidad de luz transmitida desde la luz tenue del lado de tu ayudante. Pero cuando tu luz es tenue y la luz de tu ayudante es brillante, la luz transmitida que proviene del lado de tu ayudante es más que la pequeña cantidad de luz reflejada proveniente de tu lado.

La ciencia y el cine en acción

Cuando en los programas de detectives se utilizan espejos bidireccionales para observar una hilera de sospechosos o el cuarto donde se lleva a cabo un interrogatorio, la luz del cuarto donde están los policías es tenue mientras que la luz del cuarto donde están los delincuentes es más brillante. ¡Esto permite a los policías o al testigo ver al sospechoso sin ser vistos por éste!

PROYECTO 5
Adición por sustracción

¡Mira al cielo! ¡Es un pájaro! ¡Es un avión! ¡Es un efecto especial! Desde *Supermán* hasta *Rocketeer*, en las películas ha sido posible aparentar que las personas pueden volar. Pero, ¿cómo lo logran? Realiza la siguiente actividad y descubre una manera de lograrlo.

Materiales

3 cubiertas plásticas de carpeta transparentes, una sin color, otra azul y la otra roja
revistas (opcional)
plumines de colores diferentes

papel carta
tijeras
pegamento

Procedimiento

1. Busca en las revistas fotos de nubes y de la parte alta de edificios, o utiliza los plumines de colores para dibujar una escena de fondo en una hoja blanca. (El fondo debe ser de un lugar en donde una persona pudiera volar).

2. Recorta el escenario y pégalo en la parte de enfrente de la cubierta plástica transparente sin color.

3. En otra hoja blanca, dibuja con los plumines de colores una persona que parezca que está volando. Colorea tu dibujo. Con las tijeras, recorta la imagen que dibujaste.

4. Coloca la cubierta plástica de color azul sobre la escena de fondo. Pega a la persona voladora sobre la cubierta azul de modo que parezca que va volando sobre el fondo.

5. Cambia de lugar las cubiertas de manera que la cubierta azul quede abajo y la cubierta transparente sin color quede encima.

6. Coloca la cubierta roja frente a tus ojos y observa la imagen. ¿Qué sucede?

7. Sigue mirando a través de la cubierta roja, desliza la cubierta azul lentamente de lado a lado. ¿Acaso parece que alguien está volando?

AZUL

TRANSPARENTE SIN COLOR

ROJO

El éxito de tu experimento puede variar dependiendo de la calidad del plástico utilizado. Si no funciona bien la primera vez, repite el efecto pegando a la persona en una cubierta de color verde y usa una cubierta amarilla para mirar a través de ella. ¿Se obtiene un resultado diferente con estos colores? Prueba combinaciones diferentes de plástico de colores hasta que obtengas los mejores resultados.

Explicación

Cuando miras a través de la cubierta roja la imagen de la persona que pegaste en la cubierta azul, la persona voladora se verá casi igual, pero el fondo azul se verá muy oscuro. Al deslizar la cubierta azul parecerá que la persona está volando por la ciudad. En esta actividad se aplican los conocimientos científicos que se requieren en la técnica de cine conocida como pantalla azul. La pantalla azul permite a los cineastas combinar dos escenas en una.

La luz blanca es una mezcla de todos los colores del espectro: rojo, anaranjado, amarillo, verde, azul, índigo y violeta. Cuando la luz choca con un objeto, una parte de la luz será reflejada y otra parte absorbida. Un objeto que refleja luz roja y absorbe los otros colores se verá rojo. Un objeto que refleja la luz azul y absorbe los otros colores se verá azul.

Pero los objetos transparentes también transmiten luz. El color de un objeto transparente depende del color de la luz que transmita. Una pieza de plástico rojo será roja porque absorbe todos los colores que forman la luz blanca, excepto el rojo, que es el color que transmite. Una pieza azul de plástico transmite luz azul.

De esta manera, el plástico rojo actúa como un filtro. Un filtro rojo absorberá la luz azul y permitirá que pasen los demás colores. La luz reflejada por el plástico azul tal vez no atraviese el filtro rojo, por lo que el fondo se verá muy oscuro.

Estas propiedades de los colores también sirven para explicar por qué se crea un color nuevo cuando se mezclan pinturas de dos colores diferentes. Por ejemplo, la pintura azul no sólo refleja la luz azul sino también la verde y la violeta. La pintura amarilla refleja el rojo, el anaranjado, el amarillo y el verde. Cuando la pintura azul y la amarilla se mezclan, el único color en común que reflejan es el verde. (Pintura azul + pintura amarilla = pintura verde). Los otros colores han sido sustraídos (de hecho, absorbidos) por la pintura.

La ciencia y el cine en acción

Esta propiedad de la luz suele utilizarse en las películas. Primero filman a los actores frente a una pantalla azul. Después, esta parte de la película se puede —sumar— a la escena de fondo y el color azul será —sustraído— con facilidad con el uso de un filtro. En la película La guerra de las galaxias: La amenaza del fantasma, varias de las escenas de combate se añadieron a una escena de fondo pintada para hacer que pareciera que la lucha se había llevado a cabo en una locación diferente.

PROYECTO 6
Día y noche

Los dos niños avanzan silenciosamente de un árbol a otro; los árboles y la oscuridad de la noche les sirven para esconder sus movimientos. Escudriñan un árbol y ven de dónde salen los sonidos misteriosos. Los objetos que aparecen en la pantalla son oscuros y aún así, ¡puedes ver todo lo que sucede! ¿Cómo es esto posible? Realiza la siguiente actividad para aprender un forma de lograrlo.

Materiales

3 cuadrados de papel celofán azul de 20 cm por lado

Procedimiento

1. Sal al parque en un día soleado. ¿Qué ves?

2. Coloca una pieza de papel celofán azul frente a tus ojos. ¿Cómo cambia lo que estás viendo?

3. Añade otro cuadrado de papel celofán y coloca los dos cuadrados frente a tus ojos. ¿Qué efecto tiene esto en lo que ves?

4. Añade el tercer cuadrado de papel celofán y coloca los tres cuadrados enfrente de tus ojos. ¿Qué efecto tienen los tres papeles de celofán azul en lo que ves?

¡Continúa la diversión!

Realiza esta actividad con papel celofán de diferentes colores. ¿Cómo altera el cambio de colores lo que ves a través del papel?

Explicación

Cuando miras el exterior en un día soleado, puedes ver todos los colores del espectro visible de luz blanca —rojo, anaranjado, amarillo, verde, azul, índigo y violeta—. Pero cuando miras a través del papel celofán de color azul, la mayoría de los colores se tornan oscuros o incluso negros. Al añadir más capas de papel celofán, la escena se oscurecerá y llegarás a verla como si fuera de noche, aunque un poco más brillante.

La luz blanca es en realidad una mezcla de todos los colores del espectro visible de luz blanca. Cuando la luz choca contra un objeto, parte de la luz es reflejada y la otra parte absorbida. Si un objeto es rojo, el objeto reflejará la luz roja y absorberá los demás colores. Si un objeto es azul, reflejará la luz azul y absorberá los otros colores. Cuando miras la escena a través del celofán azul, el papel actúa a manera de filtro y sólo permitirá que pase la luz azul, no la luz de los otros colores. Esto hace que los demás colores se vean oscuros. Pero debido a que hay más luz que en la noche, podrás seguir viendo todo.

En algunas películas que incluyen una escena de noche se filmarán durante el día utilizando un filtro azul sobre el lente de la cámara para hacer que parezca que es de noche. Cuando tú ves estas escenas en la película, podrás notar un tinte azul que proviene de la luz azul que pasa a través del filtro. De hecho, habrá otras películas que se filmarán de noche, pero se utilizarán luces muy brillantes para que el espectador pueda ver la acción. Un problema que se presenta con el segundo método es que cuando hay demasiada luz artificial para ver, el espectador llega a pensar que es de día porque puede ver demasiado.

Ciencia cinemato- gráfica y ciencia ficción

¡Es más real de lo que imaginas!

Cuando ves las repeticiones de los capítulos originales de la serie de televisión Viaje a las estrellas, te ríes con los efectos especiales y de algunos de los objetos de utilería que se ven. El programa se filmó al final de la década de 1960 y presentaba ideas de un futuro entonces muy lejano, como aparatos de comunicación de mano y grabadoras de datos muy pequeñas. Pues bien, parte de los objetos de ciencia ficción que se podían ver en el programa, hoy son parte de la ciencia real gracias al avance vertiginoso de la tecnología que nos da teléfonos celulares y computadoras que caben en la mano.

Mucho de lo que ves en las películas se ha tomado de las realidades de la ciencia y de las predicciones de los científicos acerca del futuro. Los cineastas consultan a los científicos cuando escriben un argumento, o para crear los trajes, objetos de utilería y escenarios de una película. Por ejemplo, en la película Misión a Marte, los productores utilizaron dibujos conceptuales elaborados por ingenieros de la NASA que mostraban cómo sería la vida de los astronautas en ese planeta.

Toda buena película necesita suficientes hechos reales a fin de ser creíble y entretenida a la vez. Si la ciencia es parte de la trama de una película, entonces la ciencia necesita estar actualizada.

Realiza las actividades de este capítulo para aprender más acerca de los conocimientos científicos utilizados en muchas películas de ciencia ficción populares. ¿Y quién sabe? ¡Quizá parte de esta ciencia ficción llegue a convertirse en hechos científicos!

PROYECTO 1
Misión a Marte

En muchas películas acerca del espacio, como *Misión a Marte* y *2001: Odisea en el espacio*, los astronautas caminan dentro de la nave en lugar de flotar como es el caso de los astronautas de hoy. ¿Cómo pueden los ingenieros diseñar una nave espacial que nulifica el efecto de gravedad cero y permite que las personas caminen como en la Tierra?

Materiales

cubeta de plástico con asa
agua
un área despejada (por ejemplo, un jardín)

Procedimiento

1. Llena la cubeta con agua hasta la mitad. ¿Qué hace que el agua permanezca en la cubeta?

2. Levanta e invierte lentamente la cubeta sobre el pasto. ¿Qué le sucedió al agua?

3. Llena otra vez la cubeta con agua hasta la mitad.

4. Sostén la cubeta por el asa con una mano. Comienza a balancear la cubeta, primero lentamente de atrás hacia adelante y después da vueltas completas. ¿Qué sucede con el agua esta vez?

¡Continúa la diversión!

¿Puedes dejar de balancear la cubeta sin que el agua se caiga?
Repite la actividad. Cuando le estés dando vueltas completas a la
cubeta, comienza a balancearla más lentamente al final de cada vuelta.
Vuelve a balancearla de atrás hacia delante, cada vez con más lentitud hasta
que dejes de hacerlo.

Explicación

Cuando viertes el agua en la cubeta, la gravedad, la fuerza que atrae los objetos hacia la Tierra, hace que el agua permanezca en el fondo de la cubeta cuando sostienes ésta. Cuando haces girar la cubeta en un círculo, el agua permanece en la cubeta aun cuando la voltees de cabeza.

Cuando balanceas la cubeta, funciona otra fuerza, la fuerza centrípeta.

Una de las leyes del movimiento de Newton, la **ley de la inercia** trata sobre la fuerza centrípeta, parte de esta ley establece que los objetos en movimiento seguirán moviéndose en línea recta a menos que actúe sobre ellos otra fuerza. Tu brazo en movimiento hace que la cubeta y el agua se muevan. Según la ley de la inercia, el agua contenida en la cubeta tenderá a moverse en línea recta. Sin embargo, cuando balanceas la cubeta en círculo ejerces una fuerza exterior sobre ella. Por ejemplo, cuando comienzas a mecer la cubeta hacia arriba, el agua tiende a moverse hacia arriba en línea recta. Pero la cubeta se mueve en círculo. Cuando llega a la parte alta de su balanceo, se ha movido arriba del agua y ejerce una fuerza hacia abajo, haciendo que el agua permanezca en la cubeta. Si sueltas la cubeta, suprimirás la fuerza centrípeta y la cubeta, con el agua, volará en línea recta.

La fuerza de gravedad también interviene en esta actividad. La fuerza de gravedad jala al agua hacia abajo en la cubeta, pero la fuerza centrípeta creada por el movimiento giratorio es mayor que la atracción de la gravedad. El agua permanece en la cubeta, aun cuando ésta se encuentre de cabeza.

Una forma de simular la gravedad durante un vuelo espacial, real o de película, consiste en hacer que parte de la nave espacial gire sobre su eje. Esto crea una fuerza centrípeta. Un astronauta que viaja en una nave giratoria es forzado hacia las paredes exteriores de la nave y sentirá una fuerza similar a la gravedad.

La ciencia y el cine en acción

En las películas Misión a Marte y 2001: Odisea en el espacio puedes ver una parte giratoria de la nave espacial en donde los astronautas pueden caminar. ¡Los científicos están planeando una nave similar para una misión a Marte!

PROYECTO 2
Contacto

En la película *Contacto*, Jodie Foster hace el papel de una científica que utiliza radiotelescopios para detectar mensajes del espacio exterior. Los seres humanos aún no han recibido un mensaje de ese tipo pero, ¿podrá ser?

Materiales

grabadora con micrófono
regla de un metro (una yarda)
ayudante
un área exterior
recipiente grande (lo más grande y redondo que sea posible)

Procedimiento

1. Sostén el micrófono de la grabadora de modo que quede frente a tu ayudante.

2. Pídele a tu ayudante que se coloque aproximadamente a 6 metros (20 pies) de distancia con respecto a ti y que permanezca en ese sitio durante todo el experimento.

3. Pídele a tu ayudante que hable en un tono normal de voz y graba sus palabras.

4. Regresa la grabación y escúchala. ¿Qué tan fiel es la grabación de la voz con respecto a la voz original?

5. Sostén el recipiente frente a ti de modo que la abertura del mismo apunte hacia tu ayudante.

6. Sostén el micrófono de la grabadora de manera que quede frente al recipiente. El micrófono debe quedar aproximadamente en el centro del recipiente, a una distancia igual con respecto a los dos lados.

7. Pídele a tu ayudante que hable otra vez con un tono normal de voz. Graba sus palabras.

8. Escucha la grabación. ¿Qué tal fiel es la grabación de la voz esta vez?

¡Continúa la diversión!

Repite la actividad, sólo que esta vez sostén el micrófono a distancias diferentes con respecto al recipiente. ¿Existe un punto en donde sea más fácil entender la grabación?

Explicación

El instrumento para escuchar que acabas de fabricar se llama micrófono parabólico. El recipiente sirve como reflector parabólico. Un reflector parabólico tiene la capacidad de captar los sonidos que provienen de un área amplia y enfocarlos en un punto.

A través del aire, las ondas sonoras viajan paralelas unas a otras, y con la distancia se dispersan en un área grande. En la primera parte de esta actividad, cuando las ondas sonoras provenientes de la voz de tu ayudante llegaron al micrófono sin el reflector, se dispersaron tanto al atravesar el aire que sólo unas cuantas fueron captadas por el micrófono. Cuando escuchaste la grabación, la voz de tu ayudante tenía un sonido muy suave. Pero cuando las ondas sonoras de la voz de tu ayudante chocaron con el reflector parabólico, rebotaron en ángulos iguales a los ángulos en los que llegaron al reflector. Debido a que el reflector parabólico es curvo, las ondas sonoras reflejadas se juntaron en un mismo punto, llamado foco. Si colocas el micrófono en el foco, recogerá el sonido proveniente de todas las ondas que chocaron con el recipiente, no sólo unas cuantas. Cuando los sonidos se enfocan en un punto, se escuchan más fuerte. Por eso, cuando

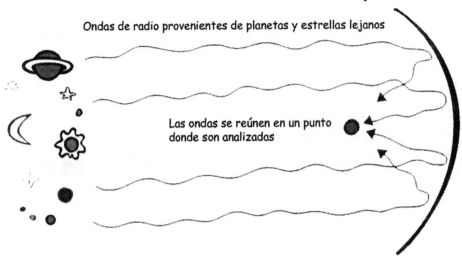

El telescopio parabólico refleja las ondas

Ondas de radio provenientes de planetas y estrellas lejanos

Las ondas se reúnen en un punto donde son analizadas

escuchas la grabación de la voz de tu ayudante cuando usó el micrófono parabólico, su voz es con un tono mucho más fuerte.

El radiotelescopio es una versión muy grande del micrófono parabólico. Al igual que en la película *Contacto*, los astrónomos han dirigido grupos de radiotelescopios hacia los cielos para tratar de recoger mensajes del espacio exterior. Aún no han podido detectar señales de vida inteligente como en la película, ¡pero siguen atentos escuchando!

PROYECTO 3
A la velocidad del sonido

En el clímax de *La guerra de las galaxias*, Luke Skywalker lanza con éxito un cohete que encuentra su blanco en las profundidades de la Estrella de la Muerte. Luke emprende el vuelo y en el fondo ves a la Estrella de la Muerte envuelta en una bola de fuego e inmediatamente escuchas una explosión. Aun si creyeras que tal estrella existiera y que pudiera explotar de esa manera, ¿por qué esta escena es incorrecta? Realiza la siguiente actividad y descúbrelo.

Materiales

2 bloques de madera de 5 × 10 × 15 cm (2 × 4 × 6 pulg)
ayudante
un parque u otra área grande

Procedimiento

1. Pídele a tu ayudante que tome los bloques de madera y que se pare de frente a ti aproximadamente a 3 m (10 pies) de distancia.

2. Dile a tu ayudante que sostenga un bloque de madera en cada mano. Deberá chocarlos uno con otro rápidamente y con firmeza para producir un sonido fuerte. Observa cuándo ves que los bloques se juntan y cuándo escuchas el sonido que producen.

3. A continuación, pídele a tu ayudante que se aleje a un distancia de por lo menos 135 m (150 yardas) a un sitio en donde puedas seguirlo viendo con claridad. Pídele otra vez que golpee los bloques. Observa cuándo ves que los bloques se juntan y cuándo escuchas el sonido que producen.

Explicación

Cuando tu ayudante estaba a 3 m (10 pies) de distancia, escuchaste el sonido producido por los bloques de madera al mismo tiempo que viste que chocaban. Sin embargo, cuando tu ayudante estaba a 135 m (150 yardas) viste el choque de los bloques una fracción de segundo antes de que escucharas el sonido.

La luz viaja a una velocidad muy rápida, a 300 000 kilómetros (186 000 millas) por segundo. Viaja a tal velocidad que ves el choque de los bloques igual, sin importar la distancia. El sonido, por otro lado, viaja en el aire a 330 metros (1 090 pies) por segundo. El sonido producido por los bloques al chocar necesita una fracción más grande de segundo para llegar hasta ti que la que necesita la luz reflejada por los bloques cuando tu ayudante golpeó uno contra el otro. Mientras más lejos estés de los bloques al chocar, mayor será el lapso que transcurra entre el choque de los bloques y el momento en que lo escuches.

En la película *La guerra de las galaxias* mencionada al inicio de esta actividad, Luke Skywalker tendría que haberse alejado por lo menos a 10 000 kilómetros de distancia de la Estrella de la Muerte para evitar explotar junto con ella. A esa distancia, habría visto casi instantáneamente la explosión de la estrella, ¡pero habrían tenido que pasar ocho horas antes de que pudiera escuchar la explosión! Y eso sería sólo en el caso de que el sonido pudiera viajar en el espacio, ¡lo cual no es posible! El sonido necesita moléculas de aire para viajar y en el espacio no hay tales moléculas, por lo que el sonido no puede viajar.

PROYECTO 4
Agujero de gusano

El capitán da la orden de avanzar por el hiperespacio y entrar en el agujero de gusano. El plan es utilizar el agujero de gusano para llegar al extremo más alejado de la galaxia a tiempo para salvar al planeta moribundo. ¿Acaso puede suceder esto? ¿Qué es un agujero de gusano? Realiza la siguiente actividad y descúbrelo.

Materiales

una hoja carta

lápiz

regla

moneda pequeña

Procedimiento

1. Coloca la hoja horizontalmente sobre la mesa y con la regla, dibuja una línea recta de 15 cm (6 pulg) de largo cerca del centro de la hoja.

2. Coloca la moneda sobre la línea cerca de uno de los extremos de la hoja. Mueve la moneda a lo largo de la línea hasta el otro extremo. Este movimiento representa el viaje de una nave espacial desde un extremo de una galaxia hasta el otro.

3. Sostén cada uno de los extremos de la hoja con una de tus manos.

4. Junta tus manos de modo que la hoja se curve debajo de tus manos. Sigue moviendo la hoja hasta que los dos extremos de la línea estén más cerca uno del otro. Ahora, imagina que la moneda viaja de un extremo de la línea al otro.

Explicación

Al crear una curva en la hoja de papel, los dos extremos de la línea se acercan. Por lo que en lugar de viajar a lo largo de la línea completa para llegar de un extremo a otro de la misma, la moneda puede viajar por encima de la curva y llegar más rápido al otro lado.

En este ejemplo, estuviste en contacto con dos perspectivas diferentes de los físicos acerca del espacio y el tiempo. Para Issac Newton, el espacio era algo parecido al primer modelo, como una hoja de papel plana, mientras que para Albert Einstein el espacio se parecía al segundo modelo, con arrugas y curvas. Newton veía un universo en el que los objetos viajaban en línea recta a menos que actuara sobre ellos una fuerza externa. Su modelo plano del espacio se utilizó para explicar gran parte de lo que los científicos veían en el universo.

Pero Einstein vio un universo diferente, en donde el espacio era curvo por la gravedad de los objetos grandes, como los planetas y estrellas. Einstein creía que este espacio curvo tenía influencia en todo, desde el movimiento de los cometas hasta la trayectoria de la luz proveniente de estrellas lejanas. Cuando Einstein planteó por primera vez su teoría, la mayoría de los científicos no le creyeron del todo. En 1919, para fundamentar su teoría, Einstein predijo que la trayectoria de la luz que viaja desde una estrella lejana se curvaría al pasar cerca del Sol, debido a la gravedad de éste. Esta teoría fue sometida a prueba por el astrónomo inglés Arthur Eddington durante un eclipse total de Sol, momento en el que se hace visible la luz de las estrellas cercanas al Sol. Los científicos esperaban con ansiedad el informe de Eddington, y algunos permanecieron despiertos toda la noche anterior al informe. Pero Einstein sí durmió. Cuando los resultados se dieron a conocer al día siguiente, coincidieron exactamente con las predicciones de Einstein.

Desde entonces, algunos astrónomos, aunque no todos, han planteado la teoría de que si el espacio fuera lo suficientemente curvo, es decir, un cuerpo celeste muy grande, entonces podría doblarse sobre sí mismo. Esto le permitiría a los astronautas viajar desde un lado del doblez al otro sin tener que viajar toda la distancia que existe entre los dos puntos. Una curva de este tipo se conoce como agujero de gusano. Las películas de ciencia ficción se apoyan bastante en la teoría de los agujeros de gusano porque ayudan a explicar cómo las naves espaciales pueden cubrir rápidamente grandes distancias.

PROYECTO 5
Fuerzas de la marea

En la película *El día de la independencia*, una nave nodriza extraterrestre, cuyo tamaño aproximado es de una cuarta parte del tamaño de la Luna, se estaciona por encima de la superficie de la Tierra. Se prepara para atacar lanzando platillos pequeños. Pero, ¿realmente sería eso necesario? ¿Qué efecto tendría sobre la Tierra una nave espacial de ese tamaño que girara en órbita alrededor del planeta? Realiza la siguiente actividad y descúbrelo.

Materiales

una pieza de alambre delgado y rígido de 45 cm (18 pulg) de largo (el alambre deberá ser delgado para que se pueda doblar y formar un círculo, y rígido para regresar a su forma circular después de alargarlo un poco y soltarlo)

cinta adhesiva

hoja carta de color blanco

cuadrado de cartulina de 30 cm (12 pulg) por lado

lápices de colores o plumones

lápiz

tramo de cuerda de 20 cm (8 pulg)

regla

tijeras

canica

una tachuela

Procedimiento

1. Dobla el alambre para formar un círculo. Junta los extremos para que queden uno sobre el otro, aproximadamente 1 cm (1/2 pulg) y pégalos con cinta adhesiva para que permanezcan en su sitio.

2. Con cinta adhesiva, pega la hoja blanca en medio del cuadrado de cartulina.

3. En el centro de la hoja, dibuja un círculo de aproximadamente 10 cm (4 pulg) de diámetro. Colorea el círculo para que parezca la Tierra.

4. Coloca el círculo de alambre alrededor del círculo que dibujaste. Atraviesa el cartón con la tachuela de modo que toque la parte interna superior del círculo de alambre.

5. Ata el centro de la cuerda alrededor del alambre en un punto que quede directamente enfrente de la tachuela.

6. Mide y corta ambos extremos de la cuerda de modo que cada uno mida 7.5 cm (3 pulg) desde el alambre.

7. Con cinta adhesiva, pega un extremo de la cuerda en el centro del círculo que dibujaste en la hoja. Este extremo debe quedar flojo. Pega el otro extremo en la canica.

8. Aleja la canica del círculo que dibujaste hasta que la cuerda pegada en el punto medio del mismo quede recta. ¿Qué le pasa a la forma del alambre que rodea al círculo de papel?

Explicación

El círculo de alambre deberá cambiar de forma para convertirse en un óvalo. El óvalo quedará lejos de los puntos superior e inferior del círculo dibujado en la hoja de papel y cerca de los lados.

El agua que está en la superficie de la Tierra se mueve en forma parecida a la manera en que se mueve el alambre. Este movimiento crea las mareas. Las **mareas** son cambios en la distribución del agua sobre la Tierra ocasionados por la gravedad de la Luna y el Sol que jalan a la Tierra. La canica representa la Luna y la tachuela al Sol.

Pero, ¿qué tiene esto que ver con *El día de la independencia* y el ataque de la nave nodriza? Bueno, pues si esta nave hubiera sido tan grande como dicen y

hubiera estado tan cerca de la Tierra, hubiera tenido un efecto gravitacional sobre los océanos y las mareas. Las mareas serían mucho, pero mucho más grandes que lo normal, y probablemente inundarían todas las áreas costeras que sobrevolara. Las ciudades de Nueva York y Washington habrían sido destruidas por el agua, ¡por lo que no habrían sido necesarios los pequeños platillos!

PROYECTO 6
Ataque del bebé gigante

En la película *Querida, agrandé al bebé*, el héroe crea un instrumento que hace que el cuerpo de su bebé crezca de repente hasta alcanzar 4.5 metros (15 pies) de estatura. Pero, ¿qué otros cambios traerá este incremento de estatura? Realiza la siguiente actividad y descúbrelo.

Materiales

tubo de cartón de un rollo de papel de baño   varios libros
tubo de cartón de un rollo de toalla de papel

Procedimiento

1. Coloca el tubo de cartón del rollo de papel de baño apoyado en uno de sus extremos sobre la mesa.

2. Con cuidado, equilibra un libro encima del tubo. Sigue añadiendo libros, de uno a la vez, hasta que el tubo se caiga. ¿Cuántos libros puede aguantar?

3. A continuación, coloca el tubo de cartón del rollo de toalla de papel apoyado en uno de sus extremos sobre la mesa.

4. Con cuidado, equilibra un libro encima del tubo. Sigue añadiendo libros, de uno a la vez, hasta que el tubo se caiga. ¿Cuántos libros puede aguantar? ¿Cuál tubo aguanta más peso?

¡Continúa la diversión!

Coloca dos tubos de rollo de toalla de papel sobre uno de sus extremos, uno junto al otro. Equilibra un libro encima de los dos tubos. Sigue añadiendo libros, de uno a la vez, hasta que los tubos se caigan. ¿Acaso el doble de la cantidad de material de soporte aguanta más peso?

Explicación

El tubo del rollo de papel de baño, que es más corto, deberá aguantar más peso que el tubo más grande del rollo de toalla de papel. Y los dos tubos de rollo de toalla de papel aguantarán más peso que un solo tubo.

La capacidad de un objeto largo, como el tubo de rollo de toalla de papel, el tubo del rollo de papel de baño o los huesos del muslo de una persona, para aguantar un peso sobre sus extremos depende en parte de su área transversal. El área transversal es la cantidad de área que se obtiene al cortar el objeto en ángulo recto. Si un objeto tiene el doble de tamaño que otro, tendrá lo doble en todas direcciones —largo ancho y alto—. Esto ocasiona un incremento en la masa que es ocho veces la masa original ($2 \times 2 \times 2 = 8$); dos veces el tamaño en cada dirección). Pero el área transversal, que es aquella de donde proviene la fuerza de las piernas, se incrementa sólo cuatro veces.

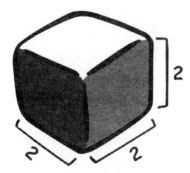

**VOLUMEN = 2x2x2=8
ÁREA TRANSVERSAL =
2x2=4**

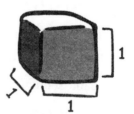

**VOLUMEN = 1x1x1=1
ÁREA TRANSVERSAL =
1x1=1**

Si un bebé normal mide 90 cm (3 pies) de estatura, un bebé de 4.5 metros será 5 veces más alto que el bebé normal y también será 5 veces más ancho y 5 veces más grande del frente a la parte posterior de su cuerpo. Esto daría 125 veces la masa original ($5 \times 5 \times 5 = 125$; 5 veces en cada dirección), pero las piernas serían solamente 25 veces más fuertes y probablemente se doblarían bajo el peso adicional.

Un problema similar ocurriría con los insectos mutantes gigantes tan populares en las películas de la década de 1950. ¡El insecto agrandado no podría sostenerse sobre sus patas!

PROYECTO 7
Para crear un dinosaurio

En la película *Parque Jurásico*, los científicos usan el ADN que encontraron en la sangre de mosquitos prehistóricos para crear dinosaurios. Si los científicos pudieran obtener sangre de dinosaurio con el uso de esta técnica, ¿realmente podrían usarla para crear un dinosaurio vivo? Realiza la siguiente actividad y descúbrelo.

Materiales

hoja carta
lápiz

Procedimiento

1. En la hoja carta, escribe el mensaje que se presenta a continuación.

G G G A C G G G G A A T A G T A C T T T C C A T A A T

2. Dibuja una línea vertical cada tres letras. Estas líneas dividirán las letras en nueve grupos de tres letras cada uno.

3. Traduce cada secuencia de tres letras, utilizando el siguiente código:

ACT —A   ACG — J   CCC — R   TCG — V   CAG — I

AGT — C   ATC — G   AAT — S   TTC — F   GAC — N

AAA — B   TCA — D   GGG — O   CAT — E   GAT — L

¿Qué dice el mensaje?

¡Continúa la diversión!

Utiliza las secuencias de tres letras para formar otras palabras.

Explicación

La traducción del mensaje codificado debe ser OJOS CAFÉS.

En esta actividad realizaste algo parecido a la forma en que los mensajes están contenidos en el ADN. Cada una de las células de tu cuerpo contiene 46 cromosomas formados por ADN, ácido desoxirribonucleico. Tu ADN contiene un código de más de 3 mil millones de "letras" con información que determina el color de tu cabello, de tus ojos y de tu piel, tu estatura y más de 100 000 características diferentes. Las variaciones en este código hacen que cada persona sea única.

El ADN utiliza una secuencia de compuestos químicos llamados ácidos nucleicos para formar los genes. Un **gen** es una parte de un cromosoma que produce un rasgo específico en un individuo. El orden de estos compuestos químicos, al igual que el orden de las letras en un código, determina tus rasgos. Sólo existen cuatro **ácidos nucleicos** —adenina (A), guanina (G), timina (T) y citosina (C)—. Cada cromosoma contiene una secuencia larga de estas cuatro letras. Tres letras en línea forman un **codón**, un código para un compuesto químico diferente. En el ejercicio de simulación que realizaste, un codón representa una letra. Los compuestos químicos formados por estos codones se vinculan para formar un gen o rasgo, como tener los ojos cafés.

Los científicos han estado trabajando en uno de los grandes hitos científicos de la historia: decodificar los tres mil millones de "letras" del ADN humano. El llamado Proyecto Genoma Humano ha requerido que miles de científicos trabajen con computadoras poderosas e instrumentos robóticos sofisticados para determinar el código del ADN humano. Pero ese es sólo el primer paso. Podría requerirse otro siglo para descomponer el código por sus genes, ¡y descubrir qué hace exactamente cada uno de ellos!

Por lo tanto, ¿pueden los científicos hacer lo mismo en el caso de los dinosaurios? Seguro que sí, sólo que también tendrían que determinar un código para esa criatura. El problema real es que las cadenas largas de ADN comienzan a descomponerse en fragmentos pequeños después de 30 años. Las oportunidades de que el ADN que tiene 65 millones de años de antigüedad estuviera intacto son remotas, ¡aún si se pudiera encontrar!

PROYECTO 8
El hombre con visión de rayos X

Se supone que Supermán y algunos otros superhéroes tienen "visión de rayos X". La visión de rayos X le permite al superhéroe mirar a través de las paredes o ver armas ocultas en un bolsillo. Pero, ¿puede alguien tener visión de rayos X?

Materiales

lámpara de mano
cuarto oscuro

Procedimiento

1. Sostén los dedos de una mano juntos y mira la parte posterior de tu mano. Toma nota de lo que veas.

2. Enciende la lámpara y apaga todas las luces del cuarto.

3. Con los dedos de la mano juntos, coloca la palma de tu mano hacia abajo encima de la luz de la lámpara. ¿Qué ves esta vez?

Explicación

Aunque tu "rayo X" es una luz ordinaria y no auténticos rayos X, el efecto es similar. Tu mano se verá roja y tal vez veas "palitos" oscuros en medio de tus dedos.

La luz está formada por algo más que sólo la luz visible que vemos. La luz visible es parte del espectro electromagnético, que también incluye luz infrarroja, luz

ultravioleta, microondas, ondas de radio y televisión e incluso rayos X. Cuando la luz choca con tus dedos, atraviesa la piel y el músculo y éste se ve rojo. Pero una parte de la luz también choca con los huesos de tus dedos. Los rayos X no pueden atravesar tus huesos, por lo que éstos se ven como palitos oscuros. Cuando te sacan una placa de rayos X que el doctor ha ordenado, la luz de rayos X funciona de manera similar. Cuando los rayos X atraviesan, tu piel y músculos, hacen que se vean oscuros cuando tocan una película fotográfica. Pero los rayos X no pueden atravesar los huesos. Los huesos se ven blancos en la placa.

Un problema con la visión de rayos X es que el ojo humano no es capaz de enviar ningún tipo de luz, incluyendo los rayos X. El ojo humano es receptor, no emisor de luz. Pero incluso si los ojos del ser humano fueran emisores de luz, tendrían que enviar y recibir los rayos X, ¡y estar en lados opuestos del objeto al mismo tiempo!

GLOSARIO

ácido. Sustancia que reacciona con una base para formar una sal.

ácidos nucleicos. Cuatro compuestos nitrogenados: adenina (A), guanina (G), timina (T) y citosina (C), cuyo orden determina características genéticas únicas.

ADN. ácido desoxirribonucleico.

amplificar. Hacer que un sonido se escuche más fuerte.

base. Sustancia que reacciona con un ácido para formar una sal.

biología. Campo de la ciencia que estudia el origen, historia y características de las plantas y animales.

canal auditivo. Otro nombre para conducto auditivo.

cóclea. También llamada caracol. Cámara llena de fluido en el oído interno, que contiene celdas de vellos especializados que responden a las ondas sonoras de vibraciones diferentes.

codón. Tres ácidos nucleicos en hilera que representan una "letra" en un código, y que se vinculan para formar un gen o rasgo.

conducto auditivo. Tubo que conecta y dirige las vibraciones sonoras desde el pabellón de la oreja a las partes delicadas del oído localizadas en el interior de la cabeza.

cristales. Forma regular que tienen algunos sólidos.

densidad. El cociente entre la masa de un objeto y su volumen.

electricidad estática. Electricidad que no fluye.

electrones. Partes del átomo que giran alrededor del núcleo y que tienen carga negativa.

energía cinética. Energía que está siendo utilizada.

energía potencial. Energía almacenada para usarla posteriormente.

espectro. Conjunto de colores que forman la luz blanca: rojo, anaranjado, amarillo, verde, azul, índigo y violeta.

feromona. Sustancia química que los animales pueden oler y que los atrae.

física. Ciencia de la materia y la energía, así como de la interacción entre ambas.

fisiología. Rama de la biología que estudia la función de los organismos, entre ellos los seres humanos, y sus órganos.

fotografía. Forma de hacer algunas imágenes mediante la acción química de la luz sobre una superficie especial llamada película fotográfica.

fuerza. Acción que empuja o jala.

fulcro. Punto fijo sobre el que se mueve una palanca. También se le llama punto de apoyo.

gen. Parte de un cromosoma que produce un rasgo específico.

glóbulos blancos. Células especiales de la sangre que le ayudan al cuerpo a combatir infecciones y enfermedades.

glóbulos rojos. Células especiales de la sangre que transportan oxígeno a todas las células del cuerpo, donde captan dióxido de carbono; este gas es conducido a los pulmones para ser eliminado al exterior.

gravedad. Fuerza de atracción entre todos los objetos.

hipótesis. Conjetura informada acerca de los resultados de un experimento próximo a realizar.

indicador químico. Sustancia especial que al mezclarla con un ácido o una base, cambia de color.

índice de refracción. Cantidad de luz refractada o desviada cuando la luz viaja de una sustancia transparente a otra.

ley de la inercia. Ley que establece que los objetos en movimiento continuarán moviéndose en línea recta a menos que actúe sobre ellos una fuerza externa.

máquina simple. Instrumento que ayuda a realizar un trabajo con mayor facilidad.

mareas. Cambios en la distribución del agua sobre la Tierra ocasionados por la atracción que de la Luna y el Sol ejercen sobre la Tierra.

método científico. Forma de realizar un experimento que incluye los siguientes pasos: hipótesis, experimentación, análisis de resultados y obtención de conclusiones.

nervio auditivo. Nervio que transmite impulsos nerviosos desde el oído al cerebro, donde se identifica el sonido.

oído externo. Parte del oído compuesta por el pabellón de la oreja y el conducto auditivo externo.

oído interno. Parte del oído que contiene la cóclea y el nervio auditivo.

oído medio. El tímpano más tres pequeños huesecillos que se mueven para amplificar el sonido. Estos huesecillos se llaman martillo, yunque y estribo, por su forma.

óptica. Estudio del comportamiento de la luz.

pabellón. Lóbulo externo del oído; comúnmente se le llama oreja.

palanca. Máquina simple formada por una tabla o barra rígida apoyada en un punto fijo.

persistencia de la visión. Proceso mediante el cual una imagen permanece en la retina del ojo durante una fracción de un segundo.

perspectiva forzada. Tipo de ilusión óptica que ocurre porque el cerebro interpreta de manera incorrecta algo que se mira y lo confunde con algo que la persona ya había visto antes.

plaquetas. Células especiales de la sangre que permiten que ésta coagule para curar heridas y cortadas.

plasma. Parte líquida de la sangre formada principalmente por agua salada.

principio de Pascal. Principio de los fluidos que establece que si se ejerce presión sobre una parte de un fluido, la presión se transmitirá de manera uniforme por todo el fluido.

prisma. Objeto transparente que desvía la luz.

protones. Partes del átomo que se encuentran en el núcleo de éste y tienen carga positiva.

química. Ciencia que investiga la materia.

reacción química. Cambio en la materia en el que las sustancias se separan para formar nuevas sustancias.

reflector parabólico. Reflector que tiene la capacidad de enfocar los sonidos en un punto.

reflexión. Rebote de la luz cuando ésta choca con la superficie de materiales diferentes.

refracción. Desviación de la luz cuando pasa de una sustancia transparente a otra.

sonido. Energía que puede ser escuchada.

sublimación. Conversión de un sólido directamente en un gas sin pasar antes por el estado líquido.

técnico de efectos de sonido. Persona que añade efectos de sonido a las películas, espectáculos de televisión, programas de radio y obras en vivo para hacer que las historias sean más realistas. También se le llama montador o técnico de sonido.

tímpano. Parte del oído que se mueve cuando las vibraciones sonoras lo golpean.

vibración. Movimiento oscilante rápido.

visión. Forma en que el ojo y cerebro humanos trabajan juntos para hacer que la persona piense que ve ciertas imágenes.

ÍNDICE

LA EDICIÓN, COMPOSICIÓN, DISEÑO E IMPRESIÓN DE ESTA OBRA FUERON
REALIZADOS BAJO LA SUPERVISIÓN DE GRUPO NORIEGA EDITORES
BALDERAS 95, COL. CENTRO. MÉXICO, D.F. C.P. 06040
12857900**31DICIEMBRE2010**928DP9253I